Alander Baltosée

WandelOasen

Das Handbuch für solidarische Dörfer und nachhaltige Kommunen

Verlag des Wandels

1. Auflage, 2018

ISBN: 978-3-947707-00-3

Über den Autor

Alander Baltosée, Jahrgang 1963, dreifacher Vater, Gärtner und Künstler, wirkt seit vielen Jahren als Autor, Journalist und jüngst auch als Verleger für den Großen Wandel. Bereits in seiner Jugend entzündete sich in ihm das Feuer, sich für eine faire und menschlichere Gesellschaftsform einzusetzen. Auf zahlreichen Reisen und in einem Gemeinschaftsprojekt auf der Kanareninsel La Gomera sammelte er tiefgründige Erfahrungen über Kulturen, Menschen und Projekte.

2008 wurde er wieder in Deutschland ansässig und widmet sich seither der „Ökoligenz“: einer neuen menschlichen Eigenschaft. Gemeint ist die Verbindung von (emotionaler und rationaler) Intelligenz mit der ökologischen Intelligenz der Erde, aber auch die intelligente Umsetzung ökologischer und nachhaltiger Ideen und Erkenntnisse. In unermüdlichen Recherchen trägt er existierende Projekte und Möglichkeiten zusammen, woraus sich das hoffnungsvolle Mosaik einer nachhaltigen und enkeltauglichen Infrastruktur zusammensetzt.

Mit diesem Handbuch möchte Alander Baltosée Menschen inspirieren und ermutigen, sich in ihrer Kommune auf den Weg in eine bessere Welt zu machen, wo Menschen selbstbestimmt in gemeinwohlorientierten Oasen leben – WandelOasen, die sich mit den Grundressourcen des Daseins weitgehend selbst versorgen können. Das Handbuch zeigt Lösungen auf, die Abhängigkeit von jener Industrie und Wirtschaft zu überwinden, „die großen Schaden auf diesem Planeten anrichten. Denn was geschieht“, so fragt der Autor, „wenn eines Tages Strom und Trinkwasser nicht mehr geliefert werden oder der Supermarkt geschlossen bleibt?“

Mehr über Alander Baltosée: https://alanderbaltosee.wordpress.com

„Trauen wir uns, das Beste und Schönste für unseren Planeten zu wünschen, Kraft in lebenswerte Freiräume fließen zu lassen, in denen Menschen natürlich sein und wirken können. Bringen wir Licht und Liebe in einen neuen All-Tag und erschaffen miteinander Wunder. Übernehmen wir Verantwortung und führen einen grundlegenden Wandel herbei, und zwar genau dort, wo wir ihn brauchen: im Hier und Jetzt des täglichen Lebens." (Alander Baltosée)

Bibliografische Information der Deutschen Nationalbibliothek:

Die Deutsche Nationalbibliothek verzeichnet diese Publikation in der Deutschen Nationalbibliografie; detaillierte bibliografische Daten sind im Internet über dnb.dnb.de abrufbar.

Verlag des Wandels

Turmweg17 | 34311 Naumburg

Lektorat: Bobby Langer, ecofairPR

Design, Bucherstellung: Joy Lohmann, pool.communication

Illustrationen: Chrisdesign, openclipart.org

Herstellung: BoD – Books on Demand, Norderstedt

ISBN: 978-3-947707-00-3

Inhaltsverzeichnis

Im Folgenden verzichte ich aus Liebe zu einer flüssigeren Leseweise auf die Betonung, dass bestimmte Begriffe sowohl männlich als auch weiblich gemeint sind. Spreche ich also von Personen, wie „der Bürger", dann meine ich Männer wie Frauen. Am Ende des Buches gibt es ein Stichwort-Verzeichnis, mit dem sich Textstellen zu einem Begriff oder Thema bequem finden lassen.

1. Impuls und Vorbereitung

Viele Gedanken habe ich mir im Laufe meines Lebens darüber gemacht, wie eine Kultur entstehen kann, die an der Natur keinen Raubbau mehr treiben muss, eine friedfertige Kultur wachsen kann, deren Wohlstand nicht von der Zerstörung der Erde lebt. Ich fragte mich, wie eine ökologische Gesellschaft gestaltet und organisiert sein sollte, ohne dass der moderne Mensch auf Wohlstand verzichten muss sondern er sein Wissen darauf verwendet, eine Lebensweise zu entwickeln, die nicht zu Lasten von Natur, Umwelt und Gesundheit geht.

Beim Blick auf unsere bundesdeutsche Gegenwart war mir mein langjähriger Aufenthalt auf La Gomera sehr hilfreich. Wahrscheinlich braucht man erst einmal viel Abstand von seiner gewohnten Kultur, um zu erkennen , worauf es im Leben wirklich ankommt. Das lange Verweilen in der Fremde brachte mich unweigerlich dazu, die Dinge aus einer neuen Perspektive und ohne Verklärung zu betrachten. Manches, was wir in der Ferne entdecken, kennen wir aus der Vergangenheit und merken, dass es daheim verlorengegangen ist. Damit meine ich vor allem ein Lebensgefühl, in dem Raum und Zeit bestehen, um sich in bescheidener Einfachheit und anspruchsloser Gelassenheit dem

Leben und seinem eigenen Wesen hingeben zu können. Leben, um des Daseins willen. Dasein, um am Wunder des Lebens teilzuhaben.

In einer Kultur mit ursprünglicher Lebensweise in fernen Naturparadiesen wird man durch natürlich lebende Menschen daran erinnert, wie wenig es bedarf, um glücklich und zufrieden zu sein. Was braucht es mehr, als frische Nahrung, gute Luft, wärmende Sonne, sauberes Wasser und aufgeschlossene, fröhliche Menschen?

Die „Kultur des Westens" ist hektisch, rastlos und getrieben. Es gibt von allem reichlich und im Überfluss. Trotzdem mäkelt die Unzufriedenheit, schimpft der Kaufrausch. Mangel wird empfunden, wenn man nicht das Neuste vom Neuen hat. Armut ist, nicht jeden unnötigen Luxus konsumieren zu können, der einem zu kaufen aufgedrängt wird. Ungesund ist dieses Leben allemal. Aus dieser Einfältigkeit gibt es scheinbar kein Entrinnen. Einzig verbleibt das Aussteigen als Alternative. Raus aus der Monotonie der Gesellschaft, hinein in abgekapselte Gemeinschaften, raus aus dem Land, in andere Länder, um in Würde leben zu können.

Für das „moderne Mega-Giga-Turbo-Leben" sind wahrlich nicht alle, wenn nicht sogar die wenigsten geschaffen. Immer mehr zerbrechen daran und verschwinden hinter dem Begriff „burn out". Aber was bleibt einem übrig, außer mitzuspielen? Gibt es die Freiheit, innerhalb des Landes einen anderen Lebensstil wählen zu können? Man kann es lassen, dem hektischen Spiel des Geldes zu folgen, muss jedoch akzeptieren, dass Subkultur und Einsamkeit damit einhergehen. Wer nicht mitspielt ist draußen.

Wäre doch schön, wenn es mehrere „Spiele" gäbe und jeder die freie Wahl hätte, welches Gesellschafts-Spiel er bevorzugt. Geht das? Kann es eine Welt geben, in der die schillernde Vielfalt unterschiedlicher Lebensarten und Kulturen in einem friedsamen Nebeneinander existieren kann?

Anders tickende Menschen, solche, die der Natur und Natürlichkeit zugewandt sind, könnten sich zu einem indigenen Stamm oder Volk erklären, das alt-gewachsenen, ethischen Grundwerten der Menschlichkeit die Treue halten will. Vielleicht steht es einem, vom Aussterben bedrohtem Volk zu, ein Überleben innerhalb geschützter Reservate garantiert zu bekommen. Aber von wem, und wie lange würde es dauern, solche Freiräume vom Hochleistungsleben zu erschaffen? Gibt es einen Weg, auf dem das natürliche und naturnahe Lebensgefühl zurückgewonnen werden kann?

Viele Menschen habe ich getroffen, die sich aufmachten, eine akzeptable Lösung für das Dilemma zu finden. Meist geht der Aufbruch zu neuen Antworten mit großen Opfern einher. Auf der Suche geht man Kompromisse ein und trinkt bittere Wermutstropfen, in der Hoffnung, angekommen zu sein. Sei es an fernen Stränden, mit einem Leben in der Fremde, in Gemeinschaften, religiösen Oasen oder in der Einsiedelei. Erst schillerts und prickelts, nach der Euphorie kommt die Nüchternheit, bröckelt die Neonreklame, beginnt man sich zu langweilen und schließlich zu zermürben, weil es das nicht ist, um dessen Willen wir zu suchen aufgebrochen waren.

Das Herz erinnert sich, was es wirklich ersehnt. Es ist etwas Grundsätzliches, das die Zeit auf Erden lebenswert macht. Eine vom natürlichen Rhythmus getragene Lebensweise in vertrauter Kultur, in ungezwungener Geselligkeit, in schöpferischem Miteinander und im familiären Füreinander. Gibt es eine Synthese, die Wohlstand und menschliche Grundwerte verbinden kann, einen Mittelweg, der Grundwerte bewahrt und auf Leistungsdruck verzichten kann? Schöpferische Inspirationen werden dringlich denn je gebraucht, so sehr wie nie zuvor, wenn wir unseren Kindern eine lebenswerte Zukunft auf einer gesunden Erde ermöglichen wollen. Und die Zeit drängt, viele Dinge, die „immer so waren" müssen im 21. Jahrhundert neu gedacht werden. Wir müssen uns in Gebiete und in Räume begeben, in die noch niemand zuvor gegangen war. Das ist das Neuland, in dem jedoch mit alten Konzepten nicht zu leben ist.

Seit einigen Jahren trage ich unter dem Begriff „Ökoligenz[1]" Informationen und Hinweise über gesellschaftliche Impulse zusammen, die einen nachhaltigen Wandel in der Gesellschaft (ökologisch, sozialpolitisch und grüntechnologisch) herbeiführen können. Die Recherchen konzentrieren sich auf konkret-existierende Projekte und angewandte

1) *Ökoligenz – eine Wortschöpfung aus den Begriffen Ökologie und Intelligenz. Im tieferen Sinne meint es ein Bewusstsein, dass ökologisch wertvoll und kulturell intelligent handelt.*

Verfahren aus allen Themenbereichen der Gesellschaft. Sie füllen mittlerweile eine beachtliche digitale Bibliothek. Der überwiegende Teil dieser kulturkreativen[2] Innovationen findet in politischen Debatten kaum Erwähnung. Wertvolle Informationen werden uns von den Medien vorenthalten. Diese Perspektiven des Kaleidoskops der Wirklichkeit finden keine Erwähnung. Das verzerrt das Bild tatsächlicher Möglichkeiten, die zur „Rettung der Welt" zur Verfügung stehen. Nachhaltigkeit steht scheinbar im Widerspruch zu den Interessen der Regisseure des neoliberalen Kapitalismus.

Das Verschweigen zukunftsweisender Kulturimpulse, das Inszenieren und Vorgaukeln von Krisen hat gleichermaßen zum Ziel, eine begrenzte Sichtweise, und eine daraus resultierende, allgemeine Ratlosigkeit in der Bevölkerung zu verbreiten. Das garantiert dem System, dass die Masse dessen profitorientierten Lösungen gedankenlos abnickt, denn sie erscheinen nun als alternativlos. Diese Überzeugung ist in der Gesellschaft in einer Weise zementiert, dass es schwer ist, informelle Aufklärung zu betreiben. Deshalb braucht es eine andere Sprache, als jene über den Verstand, um Menschen darauf aufmerksam zu machen, was unser Gesellschaftssystem in Einklang mit der Natur zu bringen vermag. Wir Menschen wünschen eine Vision, die anschaulich, konkret und unmittelbar ist und wollen das (ökoligente) Wissen im Alltag anwenden; In der Nachbarschaft, im Ort, erst durch einzelne, dann durch viele und schließlich überall.

Nach meinem Jamilanda Roman, in dem ich die kulturkreative, ökoligente Lebensweise bildhaft werden lasse, folgt nun ein praktisches Handbuch, das anregt, eine solche Lebensart, ohne besondere Vorbedingungen, ins Leben zu rufen. Durch kleine Schritte, mit einfachen Mitteln und tatsächlich vorhandenen Möglichkeiten. Dies geschieht vor

---

2) *Wikipedia:* **Kulturell Kreative** *sind Menschen, die in ihrer jeweiligen Kultur holistische, kreative Werte vertreten. Ihr Lebensstil ist von Gesundheits- und Umweltbewusstsein geprägt...Jenseits von rückwärts gewandtem Traditionalismus oder materialistischer Fortschrittsgläubigkeit stellen sie die Frage, wie wir wirklich leben wollen. Viele Menschen dieser Ausrichtung unterstützen aktiv oder passiv zahlreicher werdende Gruppierungen, Organisationen und NGOs in der ganzen Welt, um sich am Bau einer neuen (integralen) Kultur zu beteiligen. Demnach leben allein in Europa ca. 170 bis 200 Millionen Menschen, die zum Wandel bereit sind: Ein ungeheures Potenzial an Umgestaltungskraft!*

allem auf Wunsch und Verlangen der jungen Generation. Das ist die Vision vom Solidarischen Dorf, welche unter vielen Namen an immer mehr Orten ihre hoffnungsvollen Blüten treibt.

Wie sich solche Oasen säen lassen, beschreibt dieses Handbuch.

Ein herzvoller Dank

gilt Bobby Langer, dessen kritische und geistige Begleitung
dem Buch eine wertvolle Bereicherung war,
und all den Menschen, die mir klar gemacht haben,
dass es gut ist, ein solches Handbuch zu schreiben.
Denn die Zahl derer wächst,
die endlich etwas unternehmen wollen.
Sie wollen nicht länger zuschauen,
hinnehmen und ertragen, was geschieht,
für das Land, die Welt und sich selbst.

Ferner danke ich der friedvollen Stille
und ländlichen Ruhe Nordhessens,
die mich am frühen Morgen ummantelte.
Gewidmet der Liebe zur Schöpfung
und allen menschlichen Seelen,
die sich den Mut bewahren,
von einer besseren Welt zu träumen,
in der sie eines Tages erwachen werden.

1.1 Grundgedanken zur Selbstversorgung

Wandel im kulturellen Bewusstsein vollzieht sich von unten: beginnt beim Einzelnen daheim, geht auf in der Nachbarschaft, vernetzt sich im Ort und verbindet sich mit anderen Regionen. An irgendeinem Punkt wird die kollektive Bewegung zum gesellschaftlichen Trend eines kulturellen Wandels. Wie das Wasser rinnt der Wandel erst in vielen kleinen Bächen, die sich dann mehr und mehr in einem Fluss vereinen und als Strom einer Bewegung den Ozean der Gesellschaft erreichen.

Mein Wunsch, und der vieler anderer ist, dass wir als Gesellschaft erfahren, welche Möglichkeiten tatsächlich bestehen, eine gesündere und gerechtere Welt zu gestalten. Projekte solchen Charakters ermutigen, machen Hoffnung, zeigen Auswege, eröffnen Chancen und vor allem tragen sie zu wahrhaftigem Frieden und echter Freiheit der Selbstbestimmung auf Erden bei.

Indem wir beginnen, schonend, nachhaltig und fair mit den Ressourcen und Rohstoffen der Erde umzugehen, vollziehen wir einen tiefgreifenden Wandel in Organisation und Lebensweise menschlicher Kultur. Die veralteten Handlungsweisen des neoliberalen Kapitalismus werden durch zeitgemäße und ökologisch zukunftsweisende Spielregeln ersetzt.

Die fortdauernden Recherchen aus der Sicht der Ökoligenz machen eines unmissverständlich deutlich: Es ist alles vorhanden, um JETZT einen postkapitalistischen Weg zu beschreiten. In den letzten Jahren ist zu beobachten, dass sich im verhärteten Gefüge etwas bewegt und das immer schneller. Zahlreiche, fast unbekannte Projekte, über die ich (im 2011 veröffentlichten Buch Jamilanda – die Ökoligente Lebensart) schrieb, sind nunmehr populär geworden und in die Mitte der Gesellschaft gerückt. Vor allem ist die Bereitschaft gewachsen, etwas für den Wandel[3] tun zu wollen, denn eine wachsende Anzahl Menschen begreift, dass die Beibehaltung des momentanen Weges in eine Katastrophe mündet. Allein dieser Umstand, dass Menschen auch hierzulande wieder in Erwägung ziehen, dass es zu Zusammenbruch oder gar zu einem größeren Krieg kommen könnte, lässt Menschen besinnen. Sie erkennen ihre Abhängigkeit und möchten diesen Zustand ändern, um sich in der Not selbst versorgen zu können, weder Hunger noch Erfrieren erleiden zu müssen. Sie wollen zur Abwendung eines globalen Kollaps ihren Beitrag unmittelbar leisten, suchen Inspiration und Anleitung, wie sie konkret, über ihren Haushalt und Alltag hinaus, den Wandel in ihrer Kommune beginnen können. Sie werden neugierig und wollen gleichtun, was andernorts bereits geschieht, um sanfte Nachhaltigkeit und selbstversorgende Maßnahmen in der Gesellschaft zu pflanzen.

Die Abhängigkeiten von industriellen Waren (die oft gesundheitsschädlich sind) können in jeder Kommune schrittweise überwunden werden, um eine nachhaltige Selbstversorgung mit lebensnotwendigen Ressourcen gedeihen zu lassen. Mit dem gemeinsamen Entschluss, natürliche Energiequellen zu nutzen und Rohstoff-Pflanzen auf den Äckern der Kommune anzubauen, beginnt ein kultureller Prozess, in dem Menschen mit beherzten und visionären Projekten veranschaulichen:

- wie eine echte dezentrale, regenerative Energiewende aussieht,
- wie gesunde Landwirtschaft vonstattengeht,
- wie intelligente Häuser gebaut werden,
- wie Kinder in freien Schulen kreativ unterrichtet werden,
- wie regionaler Handel lebhaft wird
- und vieles mehr.

3) *Wandel – Der Begriff „Wandel" umschreibt in diesem Kontext den Wunsch einer wachsenden Zahl von Menschen nach einer ökologisch nachhaltigen und sozial gerechten Lebensweise und einen dementsprechenden Umbau zu einer postkapitalistischen Gesellschaft. (Das Netz des Wandels auf ökoligenta.de)*

Geschieht die Umstellung auf Selbstversorgung und kulturelle Selbstbestimmung in vielen Kommunen, bildet sich eine kreative Bürgerbewegung heran, die notwendige, ja sogar zwingende Veränderungen in Gesellschaft und Kultur an der Basis vollzieht. Eine solche „Wandel-Bewegung" steht FÜR etwas ein. Ihr Wirken ist lösungsorientiert, ein kreativer Protest um wirtschaftliche und politische Fehlentwicklungen zu korrigieren. Die Ergebnisse dieses Prozesses schaffen überzeugende Argumente und begeistern mit bodenständigen, intelligenten Lösungen einer konkreten Vision. Eine Bürgerbewegung für das Gemeinwohl und dessen tatsächlichen Bedürfnisse. Solche pionierhaften Schritte braucht es, um dem Sehnen und Hoffen auf eine bessere Welt[4] Nahrung zu geben, damit Begeisterung auch bei jenen entfacht, die bisher zum Bestehenden keine Alternative kannten.

Wir haben es selbst in der Hand, unser Land und unsere Lebensweise zu gestalten. Das sollten wir schleunigst tun, denn was in der großen Politik läuft, widerspricht schlicht und einfach dem, was zeitgemäß und angemessen ist. Entgegen der landläufigen Auffassung, man könne eh nichts ändern, besteht jedoch die politisch verankerte Freiheit, sich in Kommunen selbst bestimmen zu dürfen. Das garantiert das im Grundgesetz verankerte Subsidiarität-Prinzip[5] (Artikel 20, 23, 70, 72 GG). Im Kern sagt es aus: Was auf Bundes- oder Landesebene beschlossen wird, ist nicht zwingend bindend für die Kommune. Der Bürgermeister oder Ortsvorsteher und sein Team haben weitreichende Macht-Befugnisse zur Organisation und Gestaltung ihrer Kommunen. Der „Dorf-Rat" entscheidet letztendlich, was dort tatsächlich geschieht und unterlassen

4) *Bessere Welt – In diesem Kontext beschreibt der Begriff „Bessere Welt" eine ökologische, fair handelnde und sozial gerechte Lebensweise, in der sich die Menschheit als Heger und Pfleger der Erde, der Natur und des Weltfriedens begreift und dementsprechend handelt und gestaltet.*

5) *Das Subsidiaritätsprinzip legt eine genau definierte Rangfolge staatlich-gesellschaftlicher Maßnahmen fest und bestimmt die prinzipielle Nachrangigkeit der nächsten Ebene: Die jeweils größere gesellschaftliche oder staatliche Einheit soll nur dann, wenn die kleinere Einheit dazu nicht in der Lage ist, aktiv werden und regulierend oder kontrollierend oder helfend eingreifen. Hilfe zur Selbsthilfe soll aber immer das oberste Handlungsprinzip der jeweils übergeordneten Instanz sein. Aufgaben, Handlungen und Problemlösungen sollten so weit wie möglich vom Einzelnen, von der kleinsten Gruppe oder der untersten Ebene einer Organisationsform unternommen werden.*

wird. Ein kultureller Wandel geschieht an der Basis: auf der kommunalpolitischen Ebene, im Dorf, in der Kommune, im Stadtviertel.

Wo auch immer Menschen beschließen, neue Wege in ihrer Lebensweise zu beschreiten, bedarf es, jenseits der Wünsche und Gespräche über Visionen einer „Besseren Welt", eines realistischen Planes zur Umsetzung solcher Ziele. Bei allen Betrachtungen darüber, was im Einzelnen geschehen sollte, um eine ökologische und solidarische Gemeinwohl-Ökonomie zu formen, braucht es eine systematische Vorgehensweise und klare Strukturen, innerhalb derer sich der Wandel vollziehen kann. Lasst uns ein Fundament in der alltäglichen Wirklichkeit gießen, auf dem wir die neue kulturelle Epoche errichten.

Wer Einsicht in die Notwendigkeit eines grundlegenden kulturellen Wandels gewonnen hat, ist bereit zu handeln, will etwas unternehmen. Aber was? Wie kann ich beginnen? Was kann ich tun?

Konkrete Antworten drängen, die einen sanften Umbau des neoliberalen Systems vorantreiben, um die dunklen Zukunfts-Szenarien abzuwenden. Ein Plan ist erforderlich, mit dem sich die Bausteine einer ökologischen und solidarischen Infrastruktur installieren lassen.

Die Absicht dieses Handbuchs ist, die Entstehung selbstbestimmter, regionaler Zellen anzuregen, sie in konkrete Bahnen zu lenken und bestehende Bestrebungen mit praktischer Anleitung zu fördern. Auf diese Weise lassen sich Lebensräume entwickeln, in denen eine Gemeinwohl-Ökonomie und ein solidarisches Mit- und Füreinander den Alltag bestimmen. Was im Keim in vielen Herzen bereits vorhanden ist, will jetzt in der Welt sichtbar werden.

Primäre Ziele

Selbstversorgung mit Nahrungsmitteln - Anwendung ökologischer und spiritueller Erkenntnisse zur Gestaltung einer fruchtbaren Landwirtschaft.

Energie-Autarkie - Einsatz „grüner" Technologien + Rohstoffe zur Erzeugung von Strom, Treibstoffen und Trinkwasser mit dem Ziel, Überschüsse zu produzieren.

Wasser- & Sanitär-Konzept - Schonender und regenerierender Umgang mit Trink- und Brauchwasser.

Selbstversorgende Berufe – insbesondere auf der Landseite. Anbau nachwachsender Rohstoffe zum Aufbau von Selbständigkeiten in Handel, Handwerk, Gewerbe und Gastronomie.

Gesundes Wohnen - Bauen mit ökologischen Materialien im Einklang mit Mitwelt und Natur.

Bildung - Lernen in freien Projekt-Schulen und durch Teilhabe an konkreten Projekten.

Gesundheit - Etablierung einer regionalen, solidarischen Gesundheits-Fürsorge.

Netzwerk - Austausch und Interaktion mit anderen „Solidarischen Dörfern".

1.2 Der Begriff des „Solidarischen Dorfes“

Der Begriff „Solidarisches Dorf“ lehnt sich an die Idee der Solidarischen Landwirtschaft (Kapitel 2.2 – LANDHEGE/Solidarische Landwirtschaft) und überträgt das Konzept von Für- und Miteinander (Solidarität[6]) auf Dörfer und Kommunen.

Betriebe und Manufakturen eines Ortes werden von den Bürgern genossenschaftlich getragen, um deren Erhalt oder Neugründungen zu ermöglichen. Die Bürger übernehmen Verantwortung für die Gestaltung und Belebung ihrer regionalen Infrastruktur und Versorgung. Der Begriff „Dorf“ steht hierbei gleichermaßen für Kommunen, Kleinstädte oder Stadtviertel. Gemeint ist stets die kleinste politische Zelle.

Ausgangspunkt für Überlegungen, Solidarische Dörfer ins Leben zu rufen, ist die zunehmende Landflucht und fortschreitende Verwaisung von Dörfern und ganzer Regionen. Die Abwanderung in die Städte haben zum Bankrott vieler Betriebe beigetragen. Handwerksstätten, Einzelhändler, Gaststätten und Hotels mussten schließen. Arztpraxen, Banken, Postagenturen sind verschwunden. Andererseits kann sich in vielen Städten eine wachsende Zahl Bürger kaum noch die Mieten für angemessenen Wohn- und Arbeitsraum leisten. Weder für Wohnungen, noch für familienfreundliche Häuser mit Garten, noch für günstig gelegene Ladenlokale. Darin liegt eine Chance.

---

6) *Solidarisch - Dt. Etymologisches Wörterbuch Gerhard Köbler: gemeinschaftlich, frz. solidaire, lat. in solido, „im ganzen“, zu lat. solidus, „ganz, völlig, vollständig“.*

Aber nicht nur das ist wesentlicher Impuls für das Konzept Solidarischer Dörfer. Der Sinn ist weitreichender. Das Leben an sich ist bestimmt vom Bedarf an Ressourcen. Angefangen mit ernähren, trinken und atmen, ist das Dasein ein Austausch und Kreislauf von Ressourcen. Des Einen Abfälle sind des Anderen Nährstoffe. Solche Partnerschaften entdecken wir überall in der Natur, im Zusammenleben von Pflanzen und Tieren. Es bilden sich Gemeinschaften artfremder Gattungen, die im Überleben miteinander kooperieren. Oft kann ein Lebewesen ohne die Anwesenheit eines anderen gar nicht existieren.

Was uns Menschen der westlichen Kultur verloren gegangen ist, was uns mit dem System des neoliberalen Kapitalismus geraubt wurde, ist eben dieses kooperative Zusammenleben, ist das Stammesgefühl, das gemeinsame Füreinander. Diesen solidarischen Geist gilt es spätestens dann wieder zu leben, wenn politische Krisen und Konflikte sich verschärfen und das System zusammenbricht. So weit müssen wir es nicht kommen lassen, um in der Not eines Krieges zu begreifen, dass es eben dieser Geist ist, der uns vor dem Schlimmsten bewahren kann. Spätestens dann gibt es ein Überleben des einzelnen nur noch, wenn er im Verbund miteinander kooperierender Menschen lebt, die untereinander Fähigkeiten und Ressourcen austauschen.

Die menschliche Kultur ist bei weitem komplexer, als das bei Tieren oder Pflanzen der Fall ist. Der Mensch ist ein schöpferisches Wesen und will seine Kreativität leben, seinem Sinn für die Schönheit der Natur Ausdruck verleihen. Um sich dieser Bestimmung hinzugeben, braucht er einen Lebensraum, in dem Frieden und Wohlergehen herrscht. Das lässt sich am besten garantieren, wenn dieser Lebensraum, das Solidarische Dorf, Verantwortung für die Versorgung mit Grundressourcen übernimmt. Das ist die Grundlage für einen fairen Tauschhandel, der im Wesentlichen darauf ausgerichtet ist, eine optimale Versorgung der kreativen Prozesse mit allen dafür notwendigen Ressourcen zu gewährleisten. So kann sich Kultur evolutionieren und der fördernde Zusammenhalt eines „Stammes“ unabhängig von jedem politischen System die Zeiten überdauern.

Würden nicht viel mehr Menschen und gerade Familien aufs Land zurückkehren, wenn es dort eine intakte Versorgung gäbe? Eine Infrastruktur, die ihren Alltags-Bedingungen und -Ansprüchen mehr als genügen kann?

Diese Ausgabe des Handbuchs konzentriert sich vorrangig auf die Umkehrung der Landflucht und die Verbesserung der Lebensqualität im ländlichen Raum.

Haucht durch kooperatives Handeln Dörfern und Kommunen neues Leben ein! Entfaltet durch ein solidarisches Miteinander selbstversorgende Oasen! Wie soll das gehen? Dafür will dieses Handbuch wertvolle Tipps und Anregungen geben.

1.3 Tu du (To Do) den ersten Schritt

- **Treffpunkt und Einladung**

Ist der Entschluss gefasst, aus deinem Wohnort ein Solidarisches Dorf werden zu lassen, gehst du an die Planung eines ersten, offenem „Dorf"-Treffen. Vielleicht gibt es Nachbarn und Freunde im Ort, die sich dir anschließen wollen. Manchmal ist das gar nicht der Fall. Dann fängst du eben alleine an. Überlege dir, wo du es stattfinden lassen kannst. Hast du eine Idee, ob jemand eine private Räumlichkeit anbietet? Möglicherweise ist es ganz einfach, das Dorfgemeinschaftshaus (DGH) zu nutzen. Frag doch einfach im Rathaus nach. Eine gemütliche Variante böte die örtliche Gaststätte oder ein Restaurant. Das ist für viele recht unverfänglich und könnte mehr Menschen motivieren, mal reinzuschnuppern. Nun will ein passender Termin gefunden werden. Der Freitagabend bietet sich für so etwas an. Da haben viele Zeit und Lust, etwas zu unternehmen. Geeignet ist auch der Sonntagnachmittag. Unter der Woche darf der Termin nur zwischen 18 – 20 Uhr liegen, um möglichst vielen, die berufstätig sind, die Gelegenheit zu bieten, daran teilzunehmen. Das Datum des Treffens sollte bei der Bekanntgabe frühestens im darauffolgenden Monat liegen, damit alle genügend Spielraum haben, ihren Terminkalender gegebenenfalls umzuplanen. Eine gemeinsame Terminfindung gestaltet sich oft etwas kompliziert, da viele doch sehr in ihre Alltagsmühle eingespannt sind. Deswegen wird es sicherlich nicht bei einem Treffen bleiben. Also ist es besonders wichtig, dass die erste Veranstaltung einen guten Eindruck hinterlässt. Geh mit Herz an die Vorbereitung und sorge dafür, dass es an Gastfreundschaft nicht mangelt.Ist auch das geschafft, kannst du dich hinsetzen und einen freundlichen Brief an die Menschen in deinem Ort zu schreiben. Locker und unverbindlich lädst du zu einer Gesprächsrunde ein, die herausfinden möchte, wer Interesse an einer ökologischen Gestaltung des Ortes hat und an der Entwicklung eines Solidarischen Dorfes mitwirken möchte.

• Brief an die Bürger

Der erste Schritt ins Paradies ist das Schreiben eines ansprechenden Rundbriefes. Verfass ihn in einer persönlichen Sprache, damit sich jeder Empfänger angesprochen fühlen kann. Nicht zu förmlich, aber auch nicht zu pathetisch. Wähle einfache und verständliche Worte, die selbst Kinder verstehen können. Komplizierte Begriffe und lange Sätze schrecken eher ab. Verzichte auf politische Farben und populistische Slogans. Schreibe ihn schlicht in der Sprache des Herzens und sprich von Mensch zu Mensch. Das ist die Ebene, auf der man sich begegnen will und die notwendig ist, damit Vertrauen und die Freude auf Mit- und Füreinander entstehen.

Inhaltlich sollte das Schreiben erkennen lassen, dass es um sachliche, handlungsbezogene und bodenständige Dinge geht. Sprich naheliegende, aktuelle Themen und Ziele an, die im Grunde alle betreffen und in denen sich die meisten wiederfinden können. Die Menschen wollen mit ihren tatsächlichen Sorgen und Bedürfnissen gesehen und verstanden werden. Der Brief lässt sie wissen, dass sie damit nicht alleine sind und es dem Nachbarn ähnlich ergeht. Hol sie dort ab, wo sie sind und verlange keine bestimmten Voraussetzungen von ihnen, außer achtungsvoll miteinander umzugehen.

Gib einen Eindruck davon, dass man in einem Mit- und Füreinander etwas bewegen und verändern kann. Und zwar unkompliziert und unmittelbar, freudvoll und ergebnisreich.

Verbesserungen und Ergänzungen sind wertvolle Hilfe für den Feinschliff. Feilt daran herum, bis es euch allen wirklich gefällt und ihr euch darin wiederfindet.

Liebe Einwohner von ...

Ihr seid eingeladen zu einem Bürger-Treffen. Wir wollen miteinander bereden, wie wir das Leben in unserem Dorf angenehmer gestalten und mit neuem Leben füllen können.

Wir leben in einer Zeit, in der es klug erscheint, die Versorgung mit gesunder Nahrung, regenerativem Strom und anderen lebensnotwendigen Ressourcen selbst in die Hand zu nehmen. Wir betrachten Möglichkeiten, wie wir mit geeinter Kraft eine unabhängigere Lebensweise erreichen können, indem wir

biologische Nahrungsmittel auf umliegenden Feldern anbauen,

regenerativen Strom vor Ort gewinnen,

ökologische Baustoffe für Hausbau und -sanierung in der Region wachsen lassen.

Gerade durch den Anbau nachwachsender Rohstoffe eröffnen sich für den Aufschwung der Kommune neue Perspektiven für die Einwohner.

Bauern finden neue, lukrative Einnahmequellen. Neue Betriebe zur Verarbeitung nachwachsender Rohstoffe siedeln sich an. Angebot und Vielfalt an heimischen Erzeugnissen aus Landwirtschaft, Handwerk und Kunsthandwerk wachsen zu einem florierenden regionalen Binnenmarkt.

Wie das alles gehen kann, das wirst du auf dem Treffen erfahren und erfragen können.

Wir treffen uns am .... im .... und freuen uns auf dein Dabeisein.

1.4 Die Versammlung

- **Das erste Treffen**

Wenn du nicht schon damit angefangen hast, ist nach Versenden des Briefes der Zeitpunkt gekommen, das erste Treffen genauer zu planen. Zum einen gilt es den äußerlichen Rahmen zu gestalten. Weitaus wichtiger sind natürlich die Inhalte und das Programm der Veranstaltung. Das Handbuch gibt dir eine Übersicht über die einzelnen Themen, die im Solidarischen Dorf früher oder später zur Sprache kommen. Nimm dir einen Schreibblock und sammle die Themen, die für deinen Ort gerade aktuell und greifbar sind. Wenn du in einem oder mehreren Themen gut informiert bist und sogar Erfahrung hast, macht es Sinn, dass du dir Stichpunkte machst, was du darüber erzählen möchtest.

Über wichtige Themen, wie beispielsweise Regenerative Energien oder Solidarische Landwirtschaft, solltest du dich genauer informieren, damit du auf kritische und neugierige Fragen eingehen kannst. Mach dich im Internet schlau über laufende Projekte zu den ausgewählten Themen. Das Handbuch hilft Dir mit übersichtlichen Schautafeln, schnell die richtigen Informationsquellen zu finden. Mach dir Notizen, um Beispiele aus anderen Kommunen nennen zu können. Ruf Ansprechpartner an und frage, ob sie Zeit und Muße haben, auf dem Treffen einen kurzen Vortrag über persönliche Erfahrungen zu halten. Das macht etwas Unbekanntes anschaulich und beseitigt Bedenken über die Durchführbarkeit solcher ungewöhnlichen, „ökoligenten“ Ideen.

Halte das Treffen in lockerer Atmosphäre. Zu viele Informationen und lange Monologe ermüden. Gib den Gästen Raum, sich mitzuteilen. Mit gezielten Fragen kannst du sie dazu ermuntern. Am besten schreibst du dir grundsätzliche Fragen auf, beispielsweise, wer bereits eine Solaranlage oder ein kleines Windrad auf seinem Grundstück hat oder wer bereits im Bioladen einkaufen geht und wohin man dazu fahren muss.

Was auch zu einer guten Vorbereitung gehört, wenn du dir eine erste gemeinsame Aktion überlegst, die in absehbarer Zeit stattfinden kann. Dazu mehr im Kapitel 2.1 – Erste Schritte.

- **Stärken und Substanz**

Die Bürger-Versammlung dient der Feststellung vorhandener Potentiale und Fertigkeiten ihrer Bewohner und klärt deren Stärken und Substanz innerhalb der Kommune. Findet gemeinsam heraus, was der einzelne für die Sache einbringen kann und welche Kooperationen (Synergien[7]) zwischen den Bürgern möglich sind. Aus dem Zusammenwirken Einzelner ergeben sich neue Möglichkeiten des Handelns. Was der einzelne Bürger, schon allein wegen der geringen Zeit, die ihm nach Arbeit, Haushalt und Hobbys zur Verfügung steht, nicht leisten kann, wird jedoch möglich durch das Zusammenwirken einander ergänzender Fähigkeiten. Für jedes Projekt kann die Planungsgruppe des Solidarischen Dorfes die erforderlichen Fertigkeiten aus einem Becken an individuellen Talenten schöpfen. Gerade das macht das Wesen einer Kooperation aus.

Setzt euch in eine Runde, mit Schreibblöcken und Stift und geht gemeinsam die unten folgenden Fragen durch. Jeder schreibt auf, was ihm/ihr dazu einfällt. Anschließend lassen sich alle Antworten zusammentragen und daraus übersichtliche Listen erstellen, die im weiteren bei der konkreten Planung und Organisation von großem Nutzen sein werden.

---

7) *Synergie aus Wikipedia: Die Synergie oder der Synergismus (gr.: synergía, oder synergismós, „die Zusammenarbeit") bezeichnet das Zusammenwirken von Lebewesen, Stoffen oder Kräften im Sinne von „sich gegenseitig fördern" bzw. einen daraus resultierenden gemeinsamen Nutzen. Allgemein wird der Begriff in der abstrakteren Bedeutung „Synergieeffekt" benutzt, wenn Konzepte, Prozesse oder Strukturen sich gegenseitig ergänzen.*

Fragt euch:

• Wer kann oder macht was? Welche Berufe stehen dem „Dorf" zur Verfügung?

• Welche Betriebe können im „Solidarischen Dorf" unmittelbar, ohne großen Zeitaufwand gegründet werden?

• Welche Handwerke sind vor Ort und was lässt sich durch lokales Handwerk herstellen? Welche Kleinbetriebe ließen sich aufbauen?

• Womit kann sich der Einzelne in bestimmten Projekten einbringen, und wie lassen sich die vorhandenen Potentiale zusammenbringen?

• Welche intelligenten und durchführbaren Maßnahmen gibt es, um eine Kommune, ein Dorf oder einen Stadtteil wirtschaftlich und politisch unabhängiger zu machen? Gibt es etwas Bestimmtes, ein Produkt, das für den Ort typisch ist?

• Welche Möglichkeiten bieten sich, Strom, Nahrung, Trinkwasser vor Ort zu gewinnen?

• Wie kann der verwaiste Regionalmarkt neu belebt werden? Gibt es in unmittelbarer Nachbarschaft bereits einen Wochenmarkt?

• Was kann unternommen werden, um das Leben in der Kommune lebenswerter, nachbarschaftlicher und selbstverantwortlicher zu gestalten? Welche Projekte fördern Kooperation und Solidarität?

• Welche Pflanzen gedeihen auf den Feldern der Kommune? Wie wird die Ernte genutzt? Ließe sich eine Getreidemühle wieder in Gang bringen?

• Was produzieren die Höfe der Region? Rentieren sich die Betriebe noch oder bedürfen sie neuer Konzepte, um wirtschaftlich zu bleiben?

• Wie viele Kinder und Jugendliche leben in der Kommune?

Ließe sich eine Freie Schule gründen? Besteht in den Familien das Interesse an dieser neuen Schulform? Gibt es Lehrer im Ort, die eine Projekt-Schule mit ihrem Einsatz unterstützen würden?

Im Laufe dieses Prozesses tauchen sicherlich weitere und ergänzende Fragen auf. Solche gemeinsamen Ideenfindungen (brainstorming) könnten in regelmäßigen Abständen stattfinden, vielleicht einmal im Vierteljahr, um das Repertoire zu aktualisieren und zu erweitern. Das lässt sich über Online-Dateien (yourpart.eu) bequem vereinfachen. Alle, die Zugriff auf die Dokumente haben, können jederzeit und zeitgleich darin schreiben.

Ihr solltet euch die Zeit nehmen, gleichermaßen die Schwächen und Mängel des Dorfes und der Region herauszustellen, um daraus kreative Handlungsimpulse zu gewinnen und tatsächliche Bedarfe zu kennen.

- Wo herrscht Mangel und Handlungsbedarf in der Versorgung?
- Wo weist die Infrastruktur Schwächen auf?
- Welche Rohstoffe und Güter für die Kommune müssen teuer eingekauft werden?
- Wo bestehen hohe Kosten in der Verwaltung und Organisation der Kommune?
- Welche Sorgen der Bürger verlangen nach einer Lösung?
- In welchen Bereichen müsste das lokale Leben attraktiver werden?

- **Die Bürger-Gruppe**

Im Anschluss an das erste Treffen sollten die Menschen aus dem Ort (sei es ein Dorf, eine Kommune, eine Kleinstadt oder ein Stadtteil), die sich auch weiterhin treffen wollen, eine Bürgergruppe „Solidarisches Dorf" bilden. Diese nimmt sich der weiteren Planung an und berät die nächsten Schritte zur Umsetzung selbstversorgender, ökologischer und kultureller Ziele.

Sinnvoll ist es, recht bald einen Platz zu schaffen, der über Jahre hinweg als Treffpunkt des Solidarischen Dorfes ausgestaltet werden kann. Sucht eine Lokalität, die sich anbietet und ohne großen (finanziellen) Aufwand genutzt werden kann oder gestaltet etwas Bestehendes weiter aus. Das kann das Privatgrundstück eines offenherzigen Bürgers sein, eine alte Scheune, eine Obstwiese oder eine Brachfläche der Kommune.

Beginnt mit dem Aufbau eines inspirierenden Ambientes für Zusammenkünfte verschiedener Anlässe. Besonders geeignet ist dafür natürlich ein Bauern- oder Gutshof, auf dem sich ein gemeinsamer Garten mit Gemüse- und Obstanbau anlegen lässt. Ist er groß genug, bietet er Platz für individuelle Gartenräume und unterschiedliche Veranstaltungen. Anfangen kann man mit einem selbstverwalteten Café, das auch kulturell genutzt werden kann. Im Laufe der Zeit können dort weitere Projekte gestartet werden. Eine Freilichtbühne für Theater, Musik und Film. Eine Werkstatt, eine Imkerei, ein Brunnen, ein Backhäuschen. Vielleicht lassen sich sogar handwerkliche Stätten dort aufbauen. Am Anfang, wenn die Gruppe noch klein ist, genügen einfache Lösungen, wie rotierende Treffen bei Mitgliedern daheim. So lernen sich die Initiatoren in ihrer alltäglichen und natürlichen Situation besser kennen. Vielleicht hat jemand ein großes Zelt, eine Gartenhütte, oder alte Scheune, die für diesen Zweck zur Verfügung gestellt wird.

Bei der ersten Versammlung braucht es einen Gesprächs-Leitfaden, den ihr zusammen durchgeht. Zu jedem Punkt der Liste sammelt ihr Ideen.

Gemeinsam beratet ihr:

- wie eine echte Energiewende in der Kommune umgesetzt werden kann
- wie ihr einen ökologischen Agrar-Wandel herbei führen könnt
- für welche Betriebe sich welche nachwachsenden Rohstoffe anbauen lassen
- wie gesunde, regionale Nahrungsmittel wachsen können
- welche Maßnahmen den regionalen Handel anregen
- wie die gesundheitliche Versorgung verbessert werden könnte
- welche Form der Schule und Ausbildung ihr euren Kindern anbieten möchtet
- welche Veranstaltungen das kulturelle Leben attraktiver machen könnten.

1.5 Die Kooperative des Solidarischen Dorfes

Auf dem Weg zum Solidarischen Dorf und einer wachsenden Selbstversorgung der Kommune ist es aus Gründen des Synergieeffektes sinnvoll, eine Kooperative (Genossenschaft oder eine andere Form einer offiziell und amtlich anerkannten Vereinigung) zu gründen. Der Begriff Kooperation[8] vermag am besten das Ziel des Zusammenwirkens auszudrücken, ohne jedoch damit irgendeine politische Interpretation zu meinen. In einer Kooperative vereinen sich jene Bürger, die beabsichtigen, ihre Kommune ökoligent umzugestalten. Mit dem Entschluss, gemeinsam etwas zur Verbesserung der kommunalen Lebensumstände beizutragen, entstehen bisher unmögliche und vor allem durch Arbeitsteilung völlig neue Möglichkeiten des Handelns und Konkretisierens.

Vielerorts, gerade in der ländlichen Region haben Globalisierung und Online-Einzelhandel ein regelrechtes Sterben von Betrieben und Läden verursacht. Fachkräfte liegen so gesehen brach, weil es sich im kapitalistischen Wettbewerb nicht mehr lohnt, selbständig zu sein. Dies ist heutzutage nur noch für Betriebe, (ob Handwerk, Landwirtschaft, Gastronomie oder individueller Einzelhandel) rentabel, die sich Kraft eines solidarischen, regionalen Verbundes in dem Maße gesicherter Einkünfte erfreuen dürfen, um den Lebensunterhalt und -standard der Mitarbeiter und ihrer Familien zu gewährleisten.

---

8) Kooperation – (wikipedia) (lat. cooperatio ‚Zusammenwirkung', ‚Mitwirkung') ist das zweckgerichtete Zusammenwirken von Handlungen zweier oder mehrerer Lebewesen, Personen oder Systeme, in Arbeitsteilung, um ein gemeinsames Ziel zu erreichen.

Die Gründung von Betrieben durch die Kooperative kann manchem Dorfbewohner helfen, sich aus wirtschaftlichen Abhängigkeiten, Zwängen und Nöten zu lösen. Mit der Arbeitsstätte vor Ort, werden zudem eine Menge Zeitressourcen frei, die sonst in An- und Abfahrten zu Wirkungsstätten (Arbeit, Ausbildung) in der Stadt gebunden waren. Je mehr Waren, Güter und Dienstleistungen wir aus unmittelbarer Umgebung beziehen können, desto seltener brauchen wir das Auto, um irgendwo hinzugelangen (Arzt, Schule, Werkstatt, Job) oder etwas zu besorgen (im Discounter, Fachhandel oder Großmarkt). Was an Kraftstoff und Verschleißreperaturen dadurch eingespart wird, macht sich im Budget spürbar bemerkbar. Solche angenehmen Auswirkungen und positiven Folgen häufen und vermehren sich, je mehr sich der Kreis der Mitwirkenden erweitert. Dazu mehr in Kapitel 2. Bausteine des Solidarischen Dorfes.

Die Kooperative agiert gewissermaßen als solidarischer Investor für die unterschiedlichsten, regionalen Betriebsstätten, mit dem Ziel, Möglichkeiten regionaler Selbstversorgung zu stärken und zu mehren. Sie stellt heraus, welche Berufe aus Handwerk und Technik in der Dorf-Kommune vorhanden sind und klärt, inwieweit in bestehenden Betrieben nachwachsende Rohstoffe begrenzte und importierte Rohstoffe ersetzen können (z.B. Ökobaustoffe für den Hausbau).

Gründliche Überlegungen, wie Bestehendes genutzt werden kann, erspart überflüssige Investitionen. Schafft einen Überblick über die beruflichen Fähigkeiten der Mitglieder der Kooperative. Was kann der einzelne zur Kooperative beisteuern? Das kann alles mögliche sein. Materielles, Fertigkeiten, Wissen, Leidenschaften. Eine Scheune, ein altes Haus, Grundstücke, Maschinen, Fahrzeuge. Welche Potentiale gibt es darüberhinaus? Kann beispielsweise eine alte Mühle wieder in Gang gebracht werden?

Die Kooperative des Solidarischen Dorfes sollte die Kommunikation mit dem Bürgermeister oder Ortsvorsteher von Beginn an suchen und ihn für eine Zusammenarbeit mit den Projekten der Kooperative gewinnen. Jeder halbwegs vernünftige Amtsträger, besonders wenn seine Kommune von Landflucht betroffen ist, wird hellhörig, wenn seine Bürger Engagement für die Gestaltung und Selbstversorgung ihre Kommune zeigen.

Teilt ihm euer Vorhaben mit, kommuniziert, ohne irgendetwas von ihm zu wollen. Überlasst es ihm selbst, ob und wie er sich darauf einlassen will. Nur nicht drängen! Ist ihm an der Belebung der Kommune gelegen, wird er für die meisten Projekte offen sein und Unterstützung und Zusammenarbeit von sich aus anbieten. Durch das Subsidiaritätsprinzip (Siehe Fußnote Seite 10) genießen Bürgermeister und Kommunerat nämlich mehr politische Befugnisse, als die meisten wissen. An seine regionalpolitische Macht und Verantwortung sollte er auf jeden Fall erinnert werden.

Falls euer Streben nach einer „ökoligenten Infrastruktur" eher auf Granit stößt, steht es der Kooperative natürlich frei, zur nächsten Wahl des Bürgermeisters jemanden aus ihrer Mitte zu stellen. Sobald sich erste Erfolge der Maßnahmen des Solidarischen Dorfes für die Bewohner zeigen, werden auch anfängliche Skeptiker die Entwicklung gutheißen und einen Menschen zum Bürgermeister wählen, der durch konkrete Projekte, welche die Lebensqualität und Zufriedenheit im Ort steigern, überzeugen kann.

Und nun kann die Kooperative des Solidarischen Dorfes schrittweise mit der Verwirklichung ihrer ökologisch nachhaltigen, am Gemeinwohl orientierten Infrastruktur beginnen.

2. BAUSTEINE des Solidarischen Dorfes

Das Solidarische Dorf oder auch Regenerative Dorf ist wie ein Haus. Dessen Bau beginnen wir natürlich mit dem Fundament. Doch bevor wir den ersten Spatenstich setzen haben wir einen genauen Bauplan erstellen lassen, der alle Details bedenkt, die für ein Leben im Haus relevant sind. Genauso verfahren wir mit dem Solidarischen Dorf.

Jede Kommune ist individuell und bringt andere Voraussetzungen mit. Die Bausteine helfen bei der Bestandsaufnahme und beim Erkennen von Potentialen und Schwierigkeiten. Wir gehen systematisch jeden Bereich der Infrastruktur durch.

Lebendige Orte

- Einzelhandel, soziale Versorgung, Schule
- Landwirtschaft (im folgenden Text „Landhege“ genannt)
- Trinkwasser-Versorgung
- Energie-Versorgung dezentral, regenerativ und umweltschonend
- Vorkommen natürlicher und nachwachsender Rohstoffe
- Handwerk & Handel
- Architektur und Bausubstanz
- Mobilität ohne Auto
- regionale Ökonomie

2.1 Einfach anfangen

Der Aufbau eines Solidarischen Dorfes zielt zu einem wesentlichen Teil darauf ab, die Lebenshaltungskosten für den Einzelnen zu senken und größtmögliche Unabhängigkeit in der Versorgung zu erreichen. Dieses Ziel ist nur schrittweise umsetzbar, da es sich um ein komplexes Gebilde vieler einzelner Aspekte dreht. Deshalb braucht es eine Übersicht, um in jeder Phase den nächsten, erforderlichen Schritt zu erkennen, der wiederum Voraussetzungen für neue Projekte schafft.

Jede Kommune hat aufgrund ihrer Größe, Struktur und Umgebung ihren eigenen Charakter, aus dem sich Stärken und Schwächen ergeben. Die eine ist windreich, die andere bietet genug Raum für Landwirtschaft. In manchen ist reichlich Wasser vorhanden, andere beheimaten ausgedehnte Wälder. Für die Umgestaltung der regionalen Infrastruktur bedarf es einer genauen Bestandsaufnahme vorhandener Ressourcen. Inwieweit werden diese effizient genutzt? Gerade bei der Stromversorgung müssen allerlei Aspekte berücksichtigt werden, um ein stimmiges Konzept zu entwickeln, das sich wirtschaftlich und ökologisch verträgt.

Anfänglich lassen sich manche Bausteine verhältnismäßig einfach installieren. Geht die Initiative zur Gründung eines Betriebes von der Kooperative aus, trägt die Finanzierung und Verantwortung nicht ein einzelner, sondern eine Gruppe. Sattelfeste Konzepte haben bei entsprechenden Geldinstituten Aussicht auf Darlehen. Eine Kooperative hat auf jeden Fall höhere Chancen, finanzielle Unterstützung zu finden. Womöglich lassen sich private Geldgeber für eure Idee gewinnen. Für

ökologische und regionalfördernde Vorhaben stehen meist Fördertöpfe bereit. Informiert euch eingehend. Sobald der erste Betrieb erfolgreich läuft, fließen Gewinne zurück in den Investitionstopf der Kooperative, woraus Löhne und neue Projekte bezahlt werden.

Grundsätzlich ist angeraten, bei jedem Vorhaben genau zu überdenken, welche Rohstoff liefernden Komponenten ihr in ein Projekt einbeziehen wollt und könnt. Ob bei der Sanierung oder dem Neubau von Gebäuden, bei der Gründung von Läden, Betrieben oder Manufakturen. Jedes Projekt bietet Möglichkeiten, natürliche Rohstoffe zu verwenden oder gar herzustellen. Das moderne Haus wandelt sich von einem Ressourcen-Verbraucher zu einem Kraftwerk, das Strom, Wasser, Nahrung und Komposterde produziert.

Dieses Handbuch dient somit als Gedächtnisstütze, die einen Überblick bereitstellt, welche Aspekte bei der Planung von Projekten stets zu beachten sind.

• Dorfladen und Regionalmarkt

Der Regionalwaren-Laden ist das Herz der Kommune, denn er ist der Marktplatz, auf dem lokale Produkte, selbst hergestellte Nahrungsmittel und Erzeugnisse des Kunsthandwerks gehandelt und getauscht werden. Wenn es im Ort einen Supermarkt gibt, ist es ratsam, mit den Eigentümern über das Vorhaben zu sprechen, einen solchen Laden aufbauen zu wollen. Womöglich finden sie die Idee gut und nehmen regionale Produkte in ihr Sortiment auf. Das sichert den Fortbestand des Ladens und festigt den Zusammenhalt. In diesem Fall würde der Supermarkt zum Regionalwaren-Laden werden.

Ist diese Variante nicht gegeben, lässt sich zu Beginn ein solcher Laden ohne weiteres in irgendeinem ungenutzten Raum verwirklichen. Ein alter Stall, eine Scheune oder im Erdgeschoss eines unbewohnten Hauses.

Wer möchte einen solchen Laden führen und in welcher Weise kann das Solidarische Dorf dabei unterstützen und fördern? Welche Rechtsform soll/muss er haben? Natürlich kann er eigentümergeführt sein; doch im Idealfall wird es sich um eine Genossenschaft (s. https://de.wikipedia.org/wiki/Genossenschaft) handeln, vielleicht aber auch um einen Verein (http://www.vereinsknowhow.de/kurzinfos/leitfaden.htm). Denkbar ist auch eine sogenannte gGmbH, also eine gemeinnützige GmbH (https://de.wikipedia.org/wiki/Gemeinnützige_GmbH).

Hierbei ist es vor allem wichtig, eine Gesamtvision des Ladens zu haben. Soll es nur ein Laden sein oder möchtet ihr andere „Abteilungen" daran angliedern? Ein Café, ein Bistro, einen Kulturraum, eine Früchterei oder Käserei? Diese Ideensammlung ist auch bedeutungsvoll beim Planen der Inneneinrichtung, Gestaltung und Außendarstellung gegenüber der Kommune.

Die Einrichtung für den Laden kann mit gemeinschaftlichen Einsatz in wenigen Tagen geschreinert werden. Dafür lassen sich Holzreste nutzen. Ein Besuch bei einem nahegelegenen Sägewerk lohnt sich. Dort liegt oft viel Holzschnitt herum, der für Aufträge keine Verwendung mehr findet. Unter Umständen freuen sich die Betreiber, wenn die Halde aufgeräumt wird.

Ein paar Regale und ein Tresen für die Kasse sind rasch zusammengebaut. Gibt es einen Tischler oder Schreiner im Ort, ließe er sich für das Projekt gewinnen, wenn man ihm für sein Zupacken Gutscheine für Einkäufe regionaler Produkte gibt. Beschließt die Kooperative die Einführung einer Regionalwährung direkt zu Anfang, gestalten sich solche Vergütungen und Tauschgeschäfte einfacher (siehe Kapitel 2.8. – Gemeinwohl-Ökonomie/Regionalwährung).

Schlau ist es, den Regionalwarenladen mit Saftpresse und Abfüllanlage zu bestücken. Die „Früchterei" ermöglicht die systematische Ernte von regionalen Früchten und deren Weiterverarbeitung zu Saft. In einer erweiterten Version lassen sich zudem Marmeladen, Mus und Konserven herstellen. Die Früchterei sammelt dafür Schraubgläser und Flaschen, die sonst im Altglas landen.

Wichtig für das gesamte Ladensortiment ist, dass im Laufe der Zeit immer weniger Produkte von außerhalb angeliefert werden. Das bedeutet, dass Nahrungsmittel, wie beispielsweise Nudeln selbst hergestellt werden können.

Ein gutes Konzept sorgt für Charme. Überlegt miteinander, welche Produkte konkret im Sortiment aufgenommen werden können. Sprecht all die Menschen im Ort an, die irgendetwas herstellen. So bekommt ihr auch einen Überblick, was und wie viel im Laden Platz finden soll. Konzipiert den Laden direkt so, dass Produkte verpackungsfrei angeboten werden können. Gesäubertes Altglas, Leinentaschen und Weidenkörbe ersetzen Kunststoff-Verpackungen. Nach einer Eingewöhnungsphase wird jeder Einkäufer dankbar seine eigenen Abfüllbehälter mitbringen – für Mehl, Nudeln, Reis und solcherlei Produkte. Solche Konzepte gibt es bereits. Hier findest du eine Übersichtskarte: https://utopia.de/ratgeber/verpackungsfreier-supermarkt

Gibt es einen Milchbetrieb in der Nähe, der tägliche frische Milch liefern würde? Informiert euch über das Futter, das die Milchkühe bekommen und nehmt die Bedingungen im Stall unter die Lupe. Haben die Tiere die Möglichkeit, im Freien zu weiden? Stimmen die Voraussetzungen für eine gesunde Milch, bietet ihr dem Landwirt einen fairen Preis an. Man kann in den Bürgertreffen herausfinden, ob jemand das Handwerk des Käsemachens versteht und besprechen, ob sich ein solcher Betrieb im Ort umsetzen lässt. Gemeinsam mit NachbarKommunen lässt sich zusätzlich ein Wochenmarkt organisieren, auf dem Nahrungsmittel aus privaten Gärten getauscht oder verkauft werden. Genauso kann jede Familie Überschüsse aus der Gartenernte an einem Stand vor dem Haus anbieten: zum Tausch mit Nachbarn und für den Verkauf an Durchreisende. Was übrigbleibt, gelangt in den Regionalwarenladen.

Anregungen für das Sortiment des Regionalwaren-Ladens
(möglichst aus eigener Herstellung oder fairen Projekten)

- Ökolog. Nahrungsmittel aus dem Umland
- Gemüse, Obst, Getreide, Nüsse, Bucheckern, Konfitüren, Honig, Kompott, Gewürze, Heilpflanzen, Wildkräuter, Tees, Fruchtsäfte
- Speiseöle
- Saatgut
- Algen - Produkte
- Propolis
- Handwerk & Kunsthandwerk
- Brot (Backhaus)
- Kosmetik

- Wolldecken
- Naturkissen aus Farn, Stroh, Kräutern
- Ätherische Öle
- Schmuck, Skulpturen, Malerei, Kleidung, Mosaik, Haushalts-Gegenstände ...
- Wurzel-Figuren und Natur-Gestecke
- Räucherwerk und Accessoires
- Terra Preta

- **Kultur-Café**

Wo lässt es sich besser einander begegnen und miteinander reden als in einem gemütlichen Café? Es ist der Ort der Rendezvous und geistreichen Einfälle, ein wohlriechender Raum der Inspiration, aber auch ein Ambiente zum Entspannen und Lesen und nicht zuletzt zum Spielen: Backgammon, Schach, Karten oder, oder. Das Flair beflügelt Sinne und Geist. Denkt an eine kleine Bühne, wo regionale Künstler musizieren, Theater spielen und vorlesen können, aber auch einmal ein Film gezeigt wird.

Das Dorf-Café ist das örtliche Wohnzimmer. Weder Alkohol noch Umsatz stehen hier im Vordergrund. Sich selbsttragend, sollte es das Schmuckstück des Dorfes sein, darauf angelegt, eine für Begegnungen einladende Atmosphäre zu schaffen. Große Entschlüsse und bedeutende Bündnisse wurden in Cafés gefasst und beschlossen.

Sinnreich ist es, ein solches Refugium an den Regionalwaren-Laden, auch rechtlich, anzugliedern. Das Angebot kann sich erst einmal auf Säfte, Tee und Kaffee beschränken. Sammelt Ideen, indem ihr euch vorstellt, wie das Café in seiner Vollendung aussehen könnte. Im Wesentlichen zielt die Überlegung darauf ab, Geselligkeit zu fördern und einen kulturellen Treffpunkt für Begegnung und Austausch zu schaffen. Wählt ein Objekt, in dem ein reizvolles, vielseitiges Ambiente entstehen kann, das genügend Möglichkeiten zur Gestaltung bietet. Ideal ist eine Scheune unmittelbar neben einem größeren Garten. Dort lassen sich Biergarten, Tanzboden, Spielgelände und Beete anlegen.

Die Räumlichkeiten sollten ebenfalls Platz für eine Küche bieten, um in einem weiteren Schritt Gästen Speisen aus heimischem Gemüse und Obst aus naturnahem Landbau anbieten zu können. Die Einheimischen schaffen sich damit zugleich eine Dorf-Küche, in der Mitglieder der Genossenschaft günstig essen können. Baut ihr zusätzlich einen Brotbackofen, ließen sich einmal in der Woche Brot und Brötchen miteinander backen, falls es keine dorfeigene Bäckerei mehr gibt. Das Getreide kommt vom Bauern aus der Solidarischen Landwirtschaft und wird in der Dorfmühle frisch gemahlen.

• Tauschhaus und Gemeingut

Der Tauschhandel ist eine ureigene Form sozialen Miteinanders. Tausch ermöglicht Arbeitsteilung, Spezialisierung und kulturelle Entwicklung. Handel schafft zwischen Gruppen und Ländern einen friedlichen Ausgleich an Dingen, welche eine Gesellschaft für ihre Kultur benötigt. Tauschgeschäfte sind unabhängig von Geld und beruhen auf zwischenmenschlichen Vereinbarungen. Gegenstände können mit handwerklichen und sozialen Dienstleistungen getauscht werden, wodurch Besitz und Hilfe ohne Geld erworben werden kann. Die Möglichkeit des Tauschhandels ist eine weitere, soziale Säule im Solidarischen Dorf.

Findet eine Lagerhalle oder Scheune, einen großen Raum, der ausreichend Platz für Warenregale und Standplätze bietet, damit ein ständiger Floh- und Tauschmarkt stattfinden kann: ein „Zweiter-Hand-Kaufladen". Dort sammelt sich, was zu Hause ausgemistet wird. Der Sperrmüll sozusagen. Alltagsgüter, Kleidung, Möbel, Handwerksgerät. Das Dorf trägt vorhandenes, aber nicht genutztes Hab und Gut in der „Markthalle" zusammen und macht es zum Allgemeingut, weil man es auf diesem Wege der Gemeinschaft zur Verfügung stellt. Es ist ein Tauschhaus.

Eine Lagerhalle bietet zudem auf ihren großen Dachflächen Platz zur Installation von Photovoltaikanlagen und vertikalen Windturbinen, und wird dadurch zum Energie-Kraftwerk für den Ort. Sind es Flachdächer, lassen sich darauf Gärten anlegen oder Gewächshäuser aufstellen und das Tauschhaus wird zum Lieferanten biologisch angebauter Früchte oder betreibt eine Nutzpflanzen-Zucht.

Dinge, die nicht funktionieren, bringt man ebenfalls ins Tauschhaus. Sind sie unbrauchbar, werden sie in Rohstoff-Kreisläufe zurückgeführt (recycelt). Wenn möglich, werden sie jedoch repariert und restauriert. Und zwar in der:

- **Reparier-Werkstatt**

In immer mehr Ortschaften und Städten entstehen sogenannte „Repair-Cafés". Zu solchen Werkstätten kann man defekte Haushaltsgeräte und Maschinen bringen und sich von Fachkräften beim Reparieren helfen lassen. Gerade bei Kleingeräten sind oft nur Kleinigkeiten zu reparieren, wozu es meist lediglich ein paar preiswerter Ersatzteile bedarf, um das Gerät wieder nutzen zu können. Auf diese Weise hält man Bestehendes instand, anstatt Neues zu kaufen. Außerdem lernt man praktisches Handwerk hinzu und weiß sich beim nächsten Mal selbst zu helfen.

Eine solche Werkstatt darf im Solidarischen Dorf auf keinen Fall fehlen. Schon alleine, um unnötige Neukäufe von Geräten zu vermeiden. In dem das Tauschhaus Werkzeug und Geräte für Handwerk und Gartenarbeit zum Verleih anbietet, lassen sie sich gemeinschaftlich nutzen und. Besonders dann interessant, wenn ein spezielles Werkzeug oder Gerät nur für ein paar Tage oder ein einzelnes Projekt benötigt wird. So muss nicht jeder alles haben und es steht ein Fundus an Gemeingut zur Verfügung. Das lässt sich weiter ausbauen, wenn auch größere Maschinen auf Vordermann gebracht werden. Fahrräder, Fahrzeuge.

In solchen Gemeinwohl-Betrieben, wie der Reparier-Werkstatt, engagieren sich gerade ältere Menschen, die ihr Wissen und ihre Erfahrung gerne weitergeben und sich freuen, wenn sie sich nützlich machen können. Für eine wachsende Zahl wird der Zuverdienst zur Rente immer dringlicher. Für Kinder und Jugendliche wird eine solche Werkstatt Anlaufstelle, um etwas praktisch zu lernen und womöglich bisher unbekannte, schlafende Interessen geweckt zu bekommen.

- **Dorfschule**

In Kommunen, in denen genügend junge Menschen leben, aber keine Grund- oder weiterführende Schule (mehr) vorhanden ist, kann die Bürgergruppe überlegen, ob sie eine freie Projektschule ins Leben rufen will, die vorwiegend auf Projektunterricht und Potentialentfaltung, wie es beispielsweise Gerald Hüther beschreibt, ausgerichtet ist. Jedem Bürger Deutschlands ist es erlaubt, eine Schule zu gründen, um Kinder zu unterrichten. Allerdings gibt es hier zahlreiche Auflagen und Bedingungen zu erfüllen. Der Staat will sicherstellen, dass die Schüler auf einen staatlich anerkannten Abschluss vorbereitet werden. Auch an das Lehrpersonal werden gewisse Ansprüche gestellt. Alle wichtigen Informationen können bei der örtlichen Bildungsbehörde nachgefragt werden.

Bei der Planung eines solchen Projektes sollte die Kooperative ein langfristiges Konzept ausarbeiten, das nebst pädagogischen Aspekten vor allem auch ein fundiertes, finanzielles Konzept vorweisen kann. Dieses Gesamtkonzept muss vor der Gründung der Bildungsbehörde vorgelegt werden.

Nach drei Jahren anerkanntem Schulbetrieb werden Privatschulen vom Staat unterstützt. 70 bis 90 Prozent der Lehrergehälter werden bezahlt. Wenn das nicht ausreicht, kann ein Schulgeld erhoben werden. Das rechnet sich für Familien, wenn es niedriger ist als die bisherigen Kosten, die der Schulbesuch außerhalb der eigenen Ortschaft verursacht (Bustickets, Spritkosten, Zeitaufwand).

Setzt euch vor allem auch mit den Kindern zusammen. Fragt sie, was sie von einer eigenen Schule halten und wie sie diese gestalten wollen. Macht ihnen Vorschläge, was es dort geben könnte: Schulgarten, in dem sie eigene Kräuter, Gemüse und Obst säen, anbauen und ernten können. Oder einen Schulbauernhof, in dem sie Verantwortung für Tiere übernehmen können. Ideen findet ihr genug, wenn ihr durch das Internet surft. Der Bundesverband der Freien Alternativschulen e.V. (BFAS - www.freie-alternativschulen.de) ist ein „Zusammenschluss von ca. 100 Freien Alternativschulen und Gründungsinitiativen in Deutschland, deren Basis selbstbestimmtes Lernen, demokratische Mitbestimmung und gegenseitiger Respekt ist. Der Verband berät Schulprojekte in der Gründungsphase, unterstützt sie im laufenden Betrieb, fördert den Austausch der Schulen untereinander und engagiert sich in der bundespolitischen Bildungsdebatte".

Vertiefende Informationen über bereits bestehender Projekte findest du in den Suchmaschinen unter den Begriffen „Freie Schule" und „Projektschule". Interessant sind natürlich auch Waldorf-, Sudbury- und Montessorischulen. Zur Erweiterung pädagogischer Konzepte kann man sich bei SOL umschauen: selbstorganisiertes Lernen. Weitere Stichworte bei der Suche von Internetpfaden sind: Wildnisschule, Erlebnispädagogik, Schulbauernhof. Hier eine inspirierende Auswahl an Internetpfaden, mit denen du dann weitere Themen vertiefen kannst. Die kleine Übersicht zeigt eines deutlich: Es bewegt sich etwas und der Wandel ist schon längst in die Schulen eingedrungen. Lediglich die oberen Schulbehörden und Kultusminister müssen ihren Entwicklungsrückstand aufholen. Je mehr freie Schulen in den Kommunen entstehen, desto eher wird sich das Bild der Schulen und des Unterrichtens von Kindern verändern.

Links zu alternativen Schulen

Bundesverband der Freien Alternativschulen e.V. BFAS - www.freie-alternativschulen.de

Umweltschulen	www.umweltschulen.de
Bundesverband Natürlich Lernen	www.bvnl.de
Sudbury Schule	www.sudbury.de
Montessori Westerwald	www.montessori-westerwald.de
Laborschule Bielefeld	www.uni-bielefeld.de/LS/laborschule_neu
Reformschule Kassel	www.reformschule-kassel.de
Offene Schule Waldau – Kassel	www.osw-online.de
TING - Freie Demokratische Schule Berlin	www.ting-schule.de
Freie Schule Gleichen - Göttingen	www.freie-schule-gleichen.de
Freie Waldorfschule Werra-Meißner	www.waldorfschule-werra-meissner.de
Valentin-Traudt-Schule Großalmerode	www.gesamtschule-grossalmerode.de
Initiative - Schulen der Zukunft	www.schulen-der-zukunft.org

Frei und Wild

Freilernerdorf	www.freilernerdorf.de
Familiennetzwerk der Freilerner (Österreich)	www.freilerner.at
Hausschulbewegung in Baden-Württemberg	www.homeschool.de
Natur-Wildnisschule	www.natur-wildnisschule.de
Grüne Schule in Bali	www.greenschool.org
Seeding School	www.seedingschools.org/home

• Schulfreies Lernen – „home-schooling“

Immer mehr Eltern würden gerne aus dem konventionellen Bildungssystem aussteigen und ihren Kindern ein Leben ohne die klassische Schulbank ermöglichen. Nicht wenige Jungeltern emigrieren nach Österreich, da dort das Unterrichten daheim erlaubt ist. Konzepte für ein schulfreies Lernen, zumindest innerhalb der ersten zehn Lebensjahre des Kindes, existieren bereits in Gebieten, in denen Kinder zu große Entfernungen bis zur nächst gelegenen Schule zurücklegen müssten: Australien, Kanada, Südamerika. Die Erfahrungen zeigen, dass man mit einer Online-Schule genauso gebildet werden kann wie in einem normalen Klassenzimmer. In einer Zeit der Digitalisierung sollte auch der Schulbesuch flexibilisiert und Online-Unterricht eingeführt werden. Das würde Eltern bei der täglich zu jonglierenden Logistik (zwischen Haushalt, Schule und Beruf hin- und herzupendeln) erhebliche Erleichterung bringen.

Informationszentrum Leben ohne Schule	www.leben-ohne-schule.de
Haus-Unterricht	www.hausunterricht.org
Homeschool	www.homeschool.de
Global Home Education Conference	www.ghec2012.org

• Die Projekt- und Erfahrungsschule

Es braucht wohl Zwischenschritte, bis wir hierzulande so weit sind, Bildung und Schule neu zu denken und mit den Möglichkeiten des Internets zu erweitern. Wandeln müssen sich vor allem die Inhalte und Unterrichtsstrukturen.

Das Schulsystem hat es bisher weitgehend versäumt, sich den veränderten Gesellschaftsbedingungen anzupassen; es beruht zu einem erheblichen Teil auf Bildungskonzepten des 19. Jahrhunderts. Das immer noch herrschende Leistungs- und Konkurrenzdenken in den Schulen bringt nicht mehr die genialen Köpfe hervor, die unsere Gesellschaft braucht, um Lösungen für die in vielen Bereichen der Gesellschaft schwelenden Krisen zu finden. Zahlreiche Studien, Forschungen und Projekt-orientierte Schulen haben längst bewiesen, dass die Kinder des 21. Jahrhunderts besser lernen und motivierter fürs Leben sind, wenn sie durch Erfahrung lernen und von ihren Lehrern dafür begeistert werden können. Die Konzentration auf die Vermittlung theoretischen Wissens ohne Berücksichtigung des durchs Internet und Computerspiele massiv veränderten Lernumfeldes sowie der Druck auf die Erreichung guter Noten im reinen Wissensstoff macht unsere Kinder offensichtlich immer kränker, aber nicht schlauer. Nachhilfeunterricht in der Grundschule – vor 30 Jahren noch ein Unikum – ist heute vielerorts bereits die Regel. Eltern, die keine Zeit für ihre Kinder haben, weil sie Geld verdienen müssen, um im Konsumwettlauf mithalten zu können, trimmen ihre Kinder fürs scheinbar unvermeidlich nächste Hamsterrad.

Je nach Einschätzung verdoppelt sich unser (gesamtgesellschaftliches) Wissen alle zwei bis vier Jahre. Mehr als ein breitgefächertes Grundwissen sind Fähigkeiten gefordert, die Kinder und Jugendliche instand setzen, von diesem atemberaubend schnellen Zug des Wissens einerseits nicht abgehängt zu werden und andererseits für sich Werte und Perspektiven für eine individuelle Wissensintegration zu bilden. In einer Welt, in der Softskills, Innovationsfähigkeit und Persönlichkeit zählen, unterliegen die Kinder einer anonymen Gleichmacherei und bekommen beliebig ausgewähltes Allgemeinwissen vermittelt. Auf individuelle Begabungen wird kaum eingegangen, denn der Zeitdruck des Lernpensums in der Bildungsfabrik lässt das gar nicht mehr zu.

Theoretisches Wissen ohne praktische Anbindung verlernen wir auf kurz oder lang wieder. Reflektierte Erfahrungen halten ein Leben lang und geben uns Sicherheit darin, uns im Leben zu bewegen und neue Horizonte zu erobern. Am Lebensabend erkennen wir schließlich, dass Weisheit nur aus Lebenserfahrung wächst. Mit anderen geteilt und abgeglichen kann sie zu einem Gut von hohem individuellen und gesellschaftlichen Wert heranreifen. Solche Erfahrungen machen uns zu verständnisvollen, mitfühlenden sowie sozial- und zukunftskompetenten Menschen. Es wäre ökoligent, wenn wir dieses Wissen in unseren Schulen von Anfang an anwendeten und unseren Kindern die Möglichkeit gäben, ihre Sinne, ihre Persönlichkeit und ihre Lust aufs Leben aus Erfahrungen heraus zu entfalten. Grundwissen erlernen sie dann beinahe schon nebenbei. Von motivierten Schüler wird es spielerisch mitgenommen. Man wird sehen, dass sich genau die Schüler in Spezialgebiete vertiefen werden, die sich dazu berufen fühlen, deren Neugier durch Erlebnisse dafür geweckt wurde. Ihre Lehrer werden zu wohlwollenden Begleitern, beratenden und helfenden Unterstützern auf dem Weg, die eigene Individualität und die in ihr schlummernden Begabungen zu entfalten. Sie geben ihren Schülern Wärme, Rückhalt und Aufmerksamkeit, damit sie sich an neue Erlebnisse heranwagen.

Je früher Kinder zu ihren wesenseigenen Kräften Zugang bekommen, desto wahrscheinlicher ist es, dass sie zu selbstmotivierten und neugierigen Fachkräften in dem Bereich werden, der ihnen liegt. Dabei lernen sie auch, dass sich Menschen mit ihren unterschiedlichen Stärken ergänzen können, dass nicht jeder alles können muss, um erfolgreich durchs Leben zu gehen, dass es auf soziale und emotionale Kompetenz ankommt, wenn man seine Ziele erreichen möchte.

Menschen erlernen und verinnerlichen, wenn sie von einer Sache begeistert sind, Freude und Erfolgserlebnisse damit verbunden sind. Anders gesagt: Wir erlernen ein Musikinstrument, indem wir es spielen. Wir könnten die Noten ganzer Partituren auswendig lernen, aber sie dennoch nicht auf der Geige oder dem Klavier spielen. In konkreten Erlebnissen des Projekt-Unterrichts werden sie Kräfte und Fähigkeiten in sich entdecken, von denen sie zuvor nichts ahnten. Wissen, ob uns etwas Spaß macht und liegt, erlangen wir erst, wenn wir etwas ausprobieren. Das sollte den Charakter der Schule des 21. Jahrhunderts ausmachen. Eine Schule, in der Kinder sich von Lehrern

begleiten lassen, das Leben zu entdecken. Eine solche Schule weiß darum, dass sich Sinne und Geist im Wechselspiel entfalten wollen. Dazu gehören nicht nur Papier, Bücher und Computer, sondern auch die Natur, der Garten, die Werkstätten des Handwerks, das Gesundheitshaus und die Feuerwehr, das Seniorenheim, Wanderungen, Exkursionen, Kulturveranstaltungen und die Umsetzung von Erkenntnissen in vielerlei wissenschaftlichen und künstlerischen Projekten.

Im Wesentlichen sollten wir unseren Kindern lehren:

Verantwortung für sich, ihre Gesundheit und ihr seelisches Wohl zu übernehmen, Selbstbewusstsein und Bewusstsein für ihr Wesen zu entfalten, Mut und Wagnis zur Realisierung von Träumen zu finden, selbstständige und selbstbestimmte Persönlichkeiten zu werden, Solidarität, Toleranz, Teamgeist und einfühlsame Kommunikation im Leben zu verankern.

Folgende Fächer könnten/sollten in der Projekt-Schule ergänzend zu den Grundfächern unterrichten werden:

- Gesundheitliche Selbsthilfe - Erste Hilfe, Heilkräuter-Kunde
- Gartenbau in schuleigenen Gärten - Gemüse, Spalierobst, Kräuter
- Tierpflege auf dem schuleigenen Schulbauernhof - Patenschaften für Tiere
- Hauswirtschaft + Handwerk - Werkstätten mit Projekt-Unterricht. Dinge selbst herstellen

  und reparieren
- Ernährung in der schuleigenen Küche - Tagesmenüs, Schulfeste organisieren und ausrichten
- Soziales Training - wertschätzende Kommunikation, konstruktive, friedliche Konfliktlösung
- Potentialentfaltung - Musik, Theater, Tanz, Kunst, Schulzeitung

• Meditation - autogenes Training, Entspannungs-Techniken, Stressabbau

• Körperbewusstsein - sportliche Bewegung durch Feldforschungen und Aktiv-Erlebnisse in der Natur (Baumklettern, Wildnis-Ausflüge, u.d.g.), Yoga, Tai Chi, Aikido zur Entwicklung von Selbstvertrauen, Selbstsicherheit und Körperbewusstsein.

Filmische Anregungen zur Bildung von Schulen

"Grüne Schule" Bali https://youtu.be/_L3ofayuepU
Gerald Hüther: Schulen der Zukunft https://youtu.be/Wd7Mx-Jknuw
Die Freien Alternativschulen - eine Standortbestimmung https://youtu.be/2zAmzHWjb-E
Wie sieht eine Schule aus, in der man gerne lernt? https://youtu.be/z6ES7m-At2c

---

2.2 Die LANDHEGE

Der Mensch als Gärtner der Erde

Die Landwirtschaft, wie sie seit ein paar Generationen betrieben wird, kommt an ihre Grenzen. Lebensräume, Gesundheit und Lebensqualität zollen der üblichen, zerstörerischen Anbauweise einen hohen Tribut. Es braucht dringend eine grundlegende Reform der Landwirtschaft. Ein ganzheitliches Konzept, das Einklang zwischen menschlicher Kultur und intakter Natur erwirkt und vor allem den Böden wieder natürliche Nährstoffe zuführt.

Eine wesentliche Neuausrichtung muss Einzug halten, die den Landwirt, aber auch alle anderen Menschen, zu einem aktiven, ökologischen Heger und Pfleger des Landes macht, der Kulturlandschaften in Symbiose mit der Natur gestaltet. Er handelt in dem (spirituellen) Bewusstsein, Teil der Naturkreisläufe zu sein und wird zu einem sorgsamen Gärtner der Schöpfung. Als Landheger ist der Mensch nicht mehr nur Beutemacher, der sich vorwiegend an der Natur bedient, sondern auch jemand, der ihr etwas zurück gibt. Als ausgleichende Geste des Gebens begreift der Landheger sich als verantwortlich für nährstoffreiche, gesunde und lebendige Böden und ein ökologisches Gleichgewicht. Das ist Grundlage und Wurzel einer reichen, gesunden Ernte, die weder künstliche Dünger noch Schädlingsbekämpfungsmittel benötigt.

Der Landheger pflanzt und gestaltet fruchtbare Gärten, wo sich Artenvielfalt in Flora und Fauna ausdehnen kann und frei wachsende Nahrungsmittel gedeihen. Die Landhege schafft Lebensräume für Insekten,

Vögel und Kleintiere zwischen Feldern, Äckern, Obstwiesen und Weiden und trägt damit zu intakten, biologischen Kreisläufen bei. Selbst in urbanen Zonen können Räume entstehen, wo Nahrungsmittel wachsen und Lebensräume für Tiere entstehen. Freie Flächen werden eher bepflanzt, als versiegelt, was ertragreiche Ernten sogar in Innenstädten ermöglicht. Vertikale Gärten werden in zahlreichen, neuen Hochhausbauten integriert. Dachgärten auf Gewerbehallen werden konzipiert.

Die Bepflanzung kultureller Räume mit nachwachsenden Rohstoffen ist ein Hauptanliegen der Landhege, denn Rohstoffe und Ressourcen bilden die Grundlage, auf der menschliche Kulturen aufbauen. In jeder Kommune können zahlreiche, unterschiedliche Nutzpflanzen angebaut werden, mit denen sich eine breite Palette an ökologischen Produkten herstellen lässt. Pflanzenrohstoffe stehen nahezu unbegrenzt zur Verfügung, wenn sie systematisch angebaut werden. Es braucht weder Eroberungsfeldzüge in ferne Ländern, noch lange Transportwege, noch fallen hohe Rohstoffkosten an. Voraussetzungen, die sich jeder Unternehmer wünscht, um preiswerte Waren herstellen zu können. Als Betreiber einer Manufaktur im Solidarischen Dorf, kann er sich zudem gewiss sein, dass seine Waren kontinuierliche Abnehmer finden, denn er produziert in erster Linie für die Menschen in der Region und den Tauschhandel mit NachbarKommunen, muss also nicht als global player auftreten, um überleben zu können.

Wer eine reiche Ernte an natürlichen Rohstoffen einfahren will, der sorge dafür, dass die Pflanzen auf fruchtbaren Böden wachsen. Am Anfang aller Landhege-Projekte steht deshalb die Bodenverbesserung im Vordergrund, um ertragreiches Land zu kultivieren. Als hocheffektiv hat sich das System der Permakultur (siehe weiter unten) erwiesen.

Ein anderer bedeutungsvoller Aspekt ist der Umgang mit Wasser. Es verlangt nach einer intelligenten Nutzung, Reinigung und Wiederverwertung dieser kostbaren Ressource. Regenwasser und Brauchwasser lassen sich mithilfe entsprechender Technologien in reines Trinkwasser verwandeln. Zur Gewinnung von Trinkwasser kommen außerdem Nebelnetze und unterschiedliche Formen von Nebeltürmen zum Einsatz, die Kondenswasser und Luftfeuchtigkeit aus der Luft ernten. Das ist besonders für trockene Gebiete interessant. Dazu mehr im Kapitel 2.3 – TRINKWASSER.

Die Renaturierung der Flüsse ist ein weiterer Kernpunkt der Landhege. Durch den Rückbau von Begradigungen und Wiederherstellen von Aulandschaften wird der vielerorts stark gefallene Grundwasserspiegel ansteigen und auch alte, versiegte Trinkwasser-Brunnen führen nach einer Weile wieder Wasser. Bei Bachläufen vermeidet man mit dieser Vorgehensweise extreme Überschwemmungen nach Starkregen und erspart sich dadurch enorm hohe Folgekosten solcher Katastrophen.

Erfahre nun mehr über die Landhege und die verschiedenen Bereiche und Aspekte, die sich darin miteinander verbinden.

• Fruchtbares Land

Fruchtbares Land treibt den Menschen seit jeher zu Wanderschaft an. Begleitet wurde er vom ewigen Traum, einen ganz besonderen Schatz zu entdecken. In seinen Religionen tief verankert ist die Sehnsucht nach einem irdischen Garten, in dem Früchte in Hülle und Fülle gedeihen. Das Paradies. Es verheißt seligen Frieden, das Ende von Mühen der Nahrungssuche und Strapazen des Überlebenskampfes.

Die Vision vom Paradies[9] ließ Menschen Anbaumethoden entwickeln, mit denen selbst dort Ernten eingebracht wurden, wo zuvor kein Überleben möglich war. Bewässerungssysteme wurden ausgetüftelt, um das Wasser von Flüssen und Seen bis weit ins karge Hinterland zu leiten.

Wasser allein machte den Boden jedoch nicht fruchtbar. Humus musste entstehen, denn man erkannte: Grundbedingung für das Wachstum von Pflanzen ist, dass deren Wurzeln in nährstoffreichen Böden fußen. Die Amazonier wurden wahre Meister darin, organisches Material in Humuserde zu verwandeln.

Doch seit das Gespenst der Industrialisierung das Land zu erobern begann, ging altes Wissen aus Jahrtausenden Schritt für Schritt verloren. Das Verständnis für die komplexen Zusammenhänge der Natur wich rücksichtslosen Anbaumethoden großer Monokulturen und Plantagen, die ausgelaugte Ackerböden und verdichtete Böden hinterlassen, die kaum noch atmen und trinken können. Fruchtbarkeit ist auf solchen

9) Paradies - altpersisch pairidaëza: hinter der Mauer, Garten, umzäuntes Landstück

„vergewaltigten" Böden nur noch mittels Kunstdünger und künstlicher Bewässerung für maximierte Gewinne gewissenloser Großkonzerne möglich.

Diese Form der Landwirtschaft müssen wir schnell überwinden, weil sie die Erde an den Rand eines Kollaps gebracht hat, mehr als es angeblich Kohlendioxid-Emissionen tun. Zum Glück haben nicht alle geschlafen! Diese Vorgehensweise wird gestoppt, wo Kommunen, Bauern und Bürger, beschließen, ausschließlich ökologische Landwirtschaft für die Region zu betreiben. So lässt sich das Ruder herumreißen. Im Wesentlichen bedeutet Öko-Landbau, dass man sich an die Regeln der Natur hält und ihre komplexen Kreisläufe so gut wie möglich nachahmt. Grundlage für jeden landwirtschaftlichen Anbau ist ein gesunder, funktionierender Boden. Ihm gilt ein Großteil der Aufmerksamkeit des Biobauers. Eine altbewährte Methode, um die Bodenfruchtbarkeit zu erhalten, ist die Fruchtfolge von schwachzehrenden, starkzehrenden und bodennährenden Pflanzen. Auf diese Weise verbreiten sich Krankheiten und Schädlinge weit weniger. Statt gegen Krankheiten zu spritzen, versucht man die pflanzeneigenen Abwehrkräfte mit gezielten Maßnahmen zu stärken, etwa durch günstige Pflanzen-Nachbarschaften, richtige Saatzeitpunkte, Standort- und Sortenwahl etc. Ein zweiter Pfeiler der Bodenbearbeitung ist die Einbringung und das Nähren von Humuserde. Verschiedene Techniken verwandeln organisches Material in Humus.

Einzelne Pioniere haben vor rund 100 Jahre den ökologischen Anbau vorangetrieben, als bereits abzusehen war, dass die industrielle Agrarindustrie in nicht ferner Zeit in eine Katastrophe führen würde. Als erster Verband für ökologische Landwirtschaft wurde 1932 der Demeter-Wirtschaftsverbund gegründet, 1951 dann Bioland und danach weitere sieben Anbauverbände.

Helft, unterstützt und fördert Bauern bei der Umstellung auf ökologische Landwirtschaft, auf Landhege. Inspiriert sie mit den Möglichkeiten nachwachsender Rohstoffe. Erschafft Oasen der Fruchtbarkeit! Widmet euch zu Anfang der Erde selbst. Seid Schöpfer gesunder und kraftvoller Garten- und Ackerböden, in die Pflanzenvielfalt ihre Wurzeln graben kann. Zeigt, welch wundersamer Reichtum an Früchten es hervorzubringen vermag, wenn wir der Erde mit Würde und Respekt begegnen.

• Ökologische Landwirtschaft

Die Landhege beinhaltet eine ökologisch[10] betriebene Landwirtschaft. Worin unterscheidet sie sich von der konventionellen Landwirtschaft?

Hier werden unterschiedliche Begriffe verwendet: Ökolandbau, alternative, biologische, nachhaltige oder organische Landwirtschaft – sie alle meinen ungefähr dasselbe. Europaweit gesetzlich geschützt sind die Begriffe „ökologischer Anbau" und „biologischer Anbau". Im Wesentlichen geht es um einen naturnahen, umweltschonenden Anbau von Nahrungsmitteln und eine möglichst artgerechte Tierhaltung mit Futter, das hauptsächlich im eigenen Betrieb erzeugt wurde. Deshalb werden künstliche Dünger, Pestizide und Herbizide sowie genmanipuliertes Saatgut nicht verwendet.

Den Früchten werden nach der Ernte keine künstlichen Zusatzstoffe beigefügt, also weder Konservierungs- und Farbstoffe noch Geschmacksverstärker oder synthetische Aromen.

Hauptmerkmale der ökologischen Landwirtschaft sind:

- die Erhaltung der natürlichen Bodenfruchtbarkeit,
- eine Kreislaufwirtschaft mit weitgehend geschlossenen Nährstoffzyklen,
- die Stärkung und Förderung der selbstregulierenden Kräfte der Natur.

Bereits 1913 veröffentlichte der Botaniker und Mikrobiologe Raoul Heinrich Francé seine Forschungen zur Ökologie der bodenbewohnenden Mikroorganismen in seinem Buch „Das Edaphon". Dieses Werk gilt als Grundlagenwerk des Ökologischen Landbaus. Daraus entwickelte

10) ökologisch – gr.: oikos: Haus- und Wirtschaftsgemeinschaft. Heute ist die biologische Wechselbeziehungen zwischen Organismen und ihrer natürlichen Umwelt gemeint.

sich in den zwanziger Jahren des letzten Jahrhunderts die „Lebensreform-Bewegung“. Sie reagierte auf die zunehmende Industrialisierung der Landwirtschaft und erkannte bereits damals die weitreichenden Folgen dieser Art. Sie erwog die Rückkehr zu einer natürlichen Lebensweise und beabsichtigte, die Unnatürlichkeit der städtischen Lebensverhältnisse zu überwinden. Rudolf Steiner steuerte weitere Inspirationen mit seiner anthroposophischen Lehre bei. Daraus entwickelte sich der Demeter-Anbauverband.

Damit sich ein landwirtschaftlicher Betrieb ökologisch nennen darf, muss er zahlreiche Eigenschaften erfüllen. Ein konventioneller Betrieb braucht in der Regel mehrere Jahre, bis er offiziell durch eine Kontrollstelle als solcher zertifiziert wird. Dafür müssen zahlreiche Kriterien erfüllt sein, vor allem, dass in die Ackerböden keine Unkraut- und Schädlingsbekämpfungsmittel mehr eingebracht werden und sie auch nicht mehr im Erdreich nachzuweisen sind. Die Umstellung eines nach industriellen Marktregeln geführten Betriebes braucht eine gründliche Vorbereitung. Wer aus Überzeugung heraus hauptsächlich sich und das Dorf mit ökologischen Erzeugnissen versorgt, muss nicht unbedingt den Weg der Vorschriften gehen. Der muss nur dann vollständig erfüllt sein, wenn man seine Ernte als „Bio-Ware“ einem größeren Markt zuführen will. Da aber auch in der eigenen Kommune das europäische Recht gilt, müssen für die Produkte vor Ort andere Kennzeichnungen gefunden werden. „Öko“ und „bio“ darf nur der sie öffentlich nennen, der sich als solcher hat zertifizieren lassen.

Die Landwirtschafts-Ministerien der Bundesländer stellen alle Informationen bereit, die zur Umstellung eines Bauern-Betriebes auf ökologische Landwirtschaft oder Tierhaltung notwendig sind. Eingehend informieren kannst du dich auch bei: www.oekolandbau.de

• Permakultur

In den 1970er Jahren entwickelten die Australier Bill Mollison (Alternativer Nobelpreis 1981) und David Holmgren das Gestaltungskonzept der Permakultur für die Entwicklung zukunftsfähiger, energieeffektiver, selbstversorgender landwirtschaftlicher und sozialer Systeme. Es beinhaltet das Streben nach höchst möglicher Vielfalt und dem höchst möglichen Grad an Selbstversorgung in der Region. Mit bereichsübergreifenden und lösungsorientierten Methoden beabsichtigt die Permakultur die ökologisch und funktionale Gestaltung von Lebensräumen und Lebensformen, die sich selbst erhalten und weiterentwickeln. Diese sichern eine dauerhafte Lebensgrundlage, ökologisch, ökonomisch und sozial.

Die Philosophie der Permakultur geht über den reinen ökologischen Landbau hinaus. Sie steht für die Ethik einer ganzheitlichen Herangehensweise und hat vielfältige Auswirkungen auf alle Aspekte des Lebens, ihre Zusammenhänges und Wechselwirkungen. Sie weist uns Wege, wie wir die Ressourcen der Erde und unseres Grundstücks sowie unsere persönlichen Fähigkeiten auf beste Weise für die Zukunft nutzen können.

Drei ethische Grundwerte bilden die Grundhaltung und Richtlinie jedes permakulturellen Denkens, Handelns und Reagierens:

- achtsamer Umgang mit der Erde
- achtsamer Umgang mit den Menschen
- fairer Austausch von Ressourcen

• Permakulturelle Gestaltung

Der erste Schritt auf dem Weg in eine permakulturelle Kommune besteht in der aufmerksamen Beobachtung der Natur. Versucht zu begreifen, wie sich Leben in seiner ganzen Vielfalt entwickelt, organisiert und erhält. Sowohl in natürlichen als auch kulturellen Lebensräumen. Werdet euch bewusst über die einmaligen, spezifischen Gegebenheiten eures Ortes und seiner Bewohner. Dazu zählen auch Pflanzen und Tiere. Durchdringt alle Bereiche, die es braucht, um eine nachhaltige Kultur vor Ort zu entwickeln. Aus diesen Erkenntnissen entwickeln sich die Gestaltungspläne für die Kommune.

Sepp Holzer hat eindrucksvoll auf seinem Krameterhof veranschaulicht (auf 1400 Meter Höhe in den österreichischen Alpen gelegen),

welch üppige Fülle auf der Grundlage eines solchen Bewusstseins gedeihen kann.

Hier findet ihr einige Kerngedanken, die bei der Entwicklung von Projekten des Solidarischen Dorfes unbedingt miteinbezogen werden sollten, um langfristig planen zu können. Überlegt euch, wie sich folgende Punkte umsetzen lassen:

- Effizientes Energie-Management - Bestmögliche Nutzung regenerativer Energien.
- Räumliche Anordnung - Jedes Element kommt an den Platz, an dem die meisten nützlichen Beziehungen zu anderen Elementen wirksam werden.
- Funktions-Management - Jedes Element erfüllt mehrere Aufgaben – Jede wichtige Aufgabe wird von mehreren Elementen erfüllt.
- Biologische Mitarbeiter einsetzen - Einrichten von Arbeitsplätzen für Pflanzen, Tiere und Menschen, anstatt für Maschinen.
- Kreislaufwirtschaft - Möglichst kleine Kreisläufe von Material und Energie vor Ort.
- Vielfalt als Prinzip - Die Vielfalt von Pflanzen, Tieren, Beziehungen, Ernten und Kulturräumen fördern.
- Nutzung diversifizieren - Möglichst kleine und intensiv genutzte Bereiche – möglichst große, extensiv oder nicht genutzte Bereiche schaffen.
- Randzoneneffekte - optimieren und nutzen.

Link-Sammlung zur Permakultur

Permakultur Institut e.V. - bei Köln http://www.permakultur.de
Permakultur-Info http://permakultur-info.de
Forschungsinstitut für Permakultur und Transition
http://www.permakultur-forschungsinstitut.net
Permakultur-Institut http://permakulturinstitut.wordpress.com
Permakultur-Akademie Berlin http://www.permakultur-akademie.net
Lebensraum Permakultur www.lebensraum-permakultur.de
Permakulturnetzwerk Bayern https://permakulturnetzwerkbayern.wordpress.com
permakultur.net – Austria http://permakultur.net
Permakulturschule - bei Wien http://www.permakulturschule.com
Permakultur - Intuitive Permakultur Beratung – Österreich
http://intuitive-permakultur.at
Permakultur-Akademie - bei Graz http://www.permakultur-akademie.com
Permakultur-Design-Workshops | MonteBasso Schweiz
http://www.montebasso.ch/permakultur-design-workshops
Permaculture Design http://www.geofflawton.net
Permaculture News http://permaculturenews.org
Region Hesselberg - Hohenlohe | Samen des Wandels
http://www.samen-des-wandels.de/das-projekt
Perma – Gewächshaus http://www.permagewaechshaus.de
Modell von Sepp Holzers Permakultur
http://permanorikum.wordpress.com/2013/04/22/modell-von-sepp-holzers-permakultur
http://permanorikum.wordpress.com/2013/10/13/14-10-vortrag-vielfalt-permakultur-linz
Permakultur in Gewächshäusern - eine Permakultur-Forschungsreise nach Norwegen
http://www.permakultur-koller.de/wp-content/uploads/2012/02/Norwegen-2011-NG.pdf

Filme zur Permakultur

Krameterhof Sepp Holzer https://youtu.be/wEZNVvOFFxE
Permakultur - Der Krameterhof von Sepp Holzer https://youtu.be/HDXF6cWhUxE
Permakultur - Landwirtschaft im Einklang mit der Natur - Sepp Holzer - Trailer zum Film https://youtu.be/1JSvh44vANk
Interview mit Sepp Holzer https://youtu.be/QBo4mP5mrcU
Permakultur - eine Führung durch den Garten 1-5 https://youtu.be/VH1fPDjQ1vk
Permakultur Beispiele und ihr Beitrag zum Wandel https://youtu.be/E9cv4q9z6t0

• Terra Preta

In unserer Zeit ist die Verarmung und Vergiftung von Böden ein großes Problem geworden. Die Gründe sind mannigfaltig. Immer ist jedoch die kurzfristige Ausbeutung von Nährböden oder Bodenschätzen die Ursache. Anstatt dafür zu sorgen, dass ausgelaugte Böden wieder fruchtbar gemacht werden, erleben wir in vielen Teilen der Erde die wachsende Abholzung von Wäldern, um neue Anbauflächen für riesige Monokulturen zu gewinnen. Diese können jedoch nur wenige Jahre genutzt werden, bevor sie ebenfalls mehr oder minder veröden. Das stellt die Produktion von Nahrungsmitteln, wie sie derzeit betrieben wird, vor immer größere Probleme. Deshalb ist es von immanenter Bedeutung, Böden nachhaltig, also auf natürliche Weise zu bewirtschaften und fruchtbar zu machen.

Die Amazonier entwickelten ein geniales System, diese Herausforderung langfristig zu lösen. Sie hatten entdeckt, dass Holzkohle durch ihre poröse Beschaffenheit große Mengen Wasser und Nährstoffe in sich aufnehmen und speichern kann. Außerdem – was in dicht besiedelten Gebieten bedeutsam ist – neutralisiert Holzkohle unangenehme Gerüche, beispielsweise von Fäkalien, und hemmt die Bildung von Krankheitserregern. Diese Eigenschaften machten sich die Amazonier zunutze, um aus den Abfällen ihrer Kultur die schwarze Erde Terra Preta zu gewinnen. Wie haben sie das gemacht?

Organische Reststoffe wie Essensreste, pflanzliche Abfälle, Asche, Fischgräten, Tonscherben, Knochen, Hühnerdung und menschliche Exkremente wurden unter Zugabe von Milchsäure und mineralischen Zusätzen wie Muschelkalk und Tonerde unter Druck und Ausschluss von Sauerstoff in Tongefäßen fermentiert. Anschließend wurde der Humus mit Mikroorganismen und Holzkohle angereichert, die Stickstoff, Kohlenstoff und Wasser zu speichern vermag. Mit diesem Verfahren gelang es ihnen, Nährstoffe im Boden zu halten und der Auswaschung durch starke Monsunregen vorzubeugen.

Heutzutage kann dieses Verfahren der anaeroben Fermentierung[11] mittels einer Pyrolyseanlage (siehe Kapitel 2.4 ENERGIE/Pyrolyse)

11) Anaerobe Fermentierung – Gärung unter Ausschluss von Sauerstoff durch Mikroorganismen. Thermochemische Spaltung organischer Verbindungen

beschleunigt und in großem Stil angewendet werden. Aus einer Tonne Biomasse entstehen auf diese Weise (der hydrothermalen Karbonisierung[12]) ohne größeren Energieaufwand rund 700 kg Biokohle. Dieses Substrat wird in die Böden eingebracht und steigert deren Fruchtbarkeit um bis zu 900 Prozent. Selbst ausgelaugte Böden kurz vor der Wüstenbildung lassen sich innerhalb weniger Jahre mit dieser Methode wiederbeleben.

Im Garten werden Grünkompost und organische Abfälle mit Lehm, Mutterboden und Steinmehl vermengt und dann in einem Verhältnis von 10:1 mit Biokohle gemischt. Dieses Substrat wird anschließend in einen Kompost eingebracht. Wer viel Holz in Öfen zum Heizen verbrennt, kann die entstehende Kohle abschöpfen, bevor sie zu Asche verbrennt. Auf sauberes Holz zu achten ist natürlich zwingend, um Rückstände von Lacken und Holzschutzmitteln nicht in den Boden einzubringen. Regenwürmer sorgen im Weiteren für die Umwandlung des Gemischs in ein feines Humus-Substrat. Biokohle ist für sie selbst eine wertvolle Brutstätte, wodurch sie sich gut vermehren.

Ein bewährtes Mischungsverhältnis besteht aus 10 % Biokohlepulver, 20 % Mutterboden, 30% Hühnermist und 30 % Küchenabfällen sowie 10 % Kuhmist als „Impfung". Statt Kuhmist können auch Effektive Mikroorganismen verwendet werden. Das gut durchmengte Material wird in große Kübel gefüllt und verdichtet. Die Gefäße werden mit der Öffnung nach unten auf den Boden gestellt.

Im größeren Stil wird 1 Tonne Mutterboden mit 600 kg Mist (von Pferden, Kühen, Hühnern) und 400 kg Grünabfällen gemischt. 10 l Zuckermelasse (bestenfalls Zuckerrüben aus der Region) und eine Handvoll Backhefe hinzugeben. 10 l Zuckerrohrmelasse und eine Handvoll Backhefe hinzugeben. Das Gemisch wird zu ca. 1 m hohen und 1,20 m breiten Haufen geschichtet und mit Folie abgedeckt. Um das Über-

12) *wikipedia: Die hydrothermale Karbonisierung (etwa: „wässrige Verkohlung bei erhöhter Temperatur") ist ein chemisches Verfahren zur einfachen Herstellung von Braunkohle, Synthesegas, flüssigen Erdöl-Vorstufen und Humus aus Biomasse unter Freisetzung von Energie. Der Prozess, der die in der Natur in 50.000 bis 50 Millionen Jahren ablaufende Braunkohle-Entstehung („Inkohlung") innerhalb weniger Stunden technisch nachahmt, wurde von Friedrich Bergius erforscht und erstmals im Jahre 1913 beschrieben.*

hitzen der Mieten zu vermeiden, wird die Wärme abgesaugt und in die Energieversorgung eingespeist. Die Temperatur in der Miete soll 40 Grad Celsius nicht übersteigen. Nach ca. 1 Monat ist der Prozess abgeschlossen und die Wundererde kann verwendet werden.

Link-Sammlung zur Terra Preta

TERRA PRETA Zauberboden http://www.terrapreta.de
Terra Preta http://www.terra-preta.de
Terra Preta Wiki http://terrapretawiki.org
Gold der Erde http://www.das-gold-der-erde.de
Terra Preta Forum http://www.terra-preta-forum.de
Hengstbacherhof http://www.hengstbacherhof.de
Palaterra http://www.palaterra.eu
Das-Gold-der-Erde – zahlreiche Artikel zu Projekten
http://www.das-gold-der-erde.de
Pflanzenkohle https://pflanzenkohle.info

Artikel zur Terra Preta

Wundererde http://www.zeit.de/2011/49/Terra-Preta
Terra Preta herstellen mit dem TriaTerra-System http://www.triaterra.de
Terra Preta – Modell einer Kulturtechnik
http://www.ithaka-journal.net/terra-preta-modell-einer-kulturtechnik
Auf den Spuren der Terra Preta in Mittelamerika
http://www.ithaka-journal.net/auf-den-spuren-der-terra-preta-in-mittelamerika
Palaterra - wir machen Boden gut http://www.palaterra.eu
Alternative Garten-& LandWirtschaft
http://www.alternative-agriculture.org/real/Terra_Preta
Ein Wunderboden soll das Klima schonen
http://www.welt.de/wissenschaft/article116442415/
Ein-Wunderboden-soll-das-Klima-schonen.html
Mythopia - Schweizer Weingut, das u.a. Terra Preta benutzt http://www.mythopia.ch

Filme zur Terra Preta

Die Wiederentdeckung der Terra Preta http://www.zdf.de/ZDFmediathek/beitrag/video/1489276/Die-Wiederentdeckung-der-Terra-Preta#/beitrag/video/1489276/Die-Wiederentdeckung-der-Terra-Preta
Terra Preta Wundererde für das Wendland DIE REPORTAGE NDR https://youtu.be/1Cu3oU2AUtU
Terra Preta - Das Schwarze Gold des Amazonas - arte https://youtu.be/xybx6DMmPiQ

• Agnihotra

Vedische Feuerzeremonie zur Reinigung von Luft und Atmosphäre.

Die Veden (Sanskrit: vid = Wissen) gelten als das älteste überlieferte Wissen der Menschheit. Erst geschah das mündlich, später wurden die Offenbarungen (Shrutis) auch niedergeschrieben. So wie das Sanskrit die Mutter aller indogermanischen Schriften und Sprachen ist, so sind die Veden der geistige Ursprung der Menschheit, das Erbe der Erkenntnis. Unsere Ahnen fanden früh heraus, dass die Luft, womit auch die feinstoffliche, ätherische Atmosphäre gemeint ist, unsere emotionale Stimmung beeinflusst, aus der heraus wir denken, fühlen und handeln. Wir kennen das, wenn wir in den Wald gehen oder ans Meer fahren, dass die frische Luft uns guttut. Wir fühlen uns erholt, entspannen und können Probleme und Sorgen neu betrachten und einschätzen. Oft verschwinden Sorgen und Schwermut ganz von alleine und wir können wieder Freude und Leichtigkeit empfinden. Das ist wohl Sinn und Zweck eines Urlaubs. In jüngster Zeit wird dieses überlieferte Wissen neu belebt, um den Planeten von Luft- und Umweltverschmutzungen zu reinigen. Wissenschaftlich beweisen lässt sich das nicht. Vor dieser Problematik stehen auch manche Psychologen und die Homöopathie. Es gibt einige Phänomene unter unserem Himmel, die sich nach geltenden wissenschaftlichen Regeln nicht erklären lassen, was jedoch nicht bedeutet, dass es sie nicht gibt. Beweisbar ist es insofern nur im persönlichen Erleben und Erfahren. Es geht hier gar nicht um esoterische Wunschvorstellungen. In wissenschaftlichen Studien[13] fand man aller-

---

13) Department of Biotechnology, Fergusson College, Pune, Maharashtra, India Institute of Bioinformatics and Biotechnology, Savitribai Phule Pune University

dings heraus, dass die Belastung an Keimen drastisch abnimmt, wenn das Agnihotra regelmäßig angewendet wird.

Wie verläuft eine solche Agnihotra-Zeremonie? In einer Kupferpyramide wird Kuhdung entzündet. Exakt zu Sonnenauf- und Sonnenuntergang wird eine Prise Reis mit Ghee (gereinigter Butter) vermischt und in die Flamme gegeben. Begleitend wird ein Mantra gesungen, das du im Internet findest, beispielsweise auf dieser Seite:

http://www.homa-hof-heiligenberg.info/main/index.php/agnihotra/was-ist-agnihotra

---

Link-Sammlung zu Agnihotra

Homatherapy	http://www.homatherapy.de
Homatherapie	http://www.homatherapie.de
Agnihotra Blog	http://agnihotra.blog.de
Agnihotra Schweiz	http://www.agnihotra.ch
Homa-Hof Heiligenberg	http://www.homa-hof-heiligenberg.de/agnihotra.html

Artikel und Literatur zu Agnihotra

Ein Feuer das die Welt verändert - Sein.de
http://www.sein.de/spiritualitaet/ganzheitliches-wissen/2011/agnihotra--ein-feuer-das-die-welt-veraendern-kann.html

Filme zu Agnihotra

Agnihotra - Vedische Feuertechnik	https://youtu.be/N-E50Kgnm68
Agnihotra, altes Feuerritual mit vielen Wirkungen	https://youtu.be/tmlxqjyjqDw

---

• Gärtnerei und Baumschule

Die Gärtnerei ist das Herz allen fruchtbaren Pflanzenwuchses im Solidarischen Dorf. Sie ist das Geburtshaus der Artenvielfalt. Hier werden Pflanzen vorgezogen und vermehrt. Mit einem solchen Betrieb kann man klein anfangen. Man braucht etwas Land und ein größeres Gewächshaus, das für wenige hundert Euro erschwinglich ist. Handwerklich Begabte können es sich selbst zimmern. Über eine feste Konstruktion mit Metallbögen wird eine wetterfeste Folie gespannt. Das ist zwar nicht besonders ökoligent, aber als Übergangslösung vorerst akzeptabel.

Zur Verbesserung des Sortiments lässt sich zu Beginn eine dauerhafte Pflanzen-Tauschbörse organisieren. Gesunde Pflanzen, die private Gärten entsorgen, können in der Gärtnerei gegen neue Arten getauscht werden. Dieser Anreiz motiviert Menschen, ihre Gartenschätze miteinander zu teilen und zur Steigerung der Pflanzenvielfalt beizutragen. Die wiederum ist Voraussetzung, zahlreichen Tierarten neuen Lebensraum zu schaffen. Mit einer reichen Flora und Fauna stellt sich ein natürliches Gleichgewicht ein, sind Ernte-regulierende Eingriffe des Menschen viel seltener nötig als in konventionellem Vorgehen.

Die Gärtnerei ist zugleich eine Baumschule, wo neben Gemüsepflanzen, Kräutern und Gewürze auch Obstgewächse sowie Rohstoff-Pflanzen (für regionale Manufakturen) gezüchtet und vermehrt werden. Sie nimmt sich der fortwährenden Bepflanzung an, ob im Dorf, an Straßenrändern, auf Wiesen oder an Waldrändern. Das große Ziel der Gärtnerei ist die Erschaffung des Paradiesgartens, der alle Wesen ernähren kann.

Deswegen betreibt die Gärtnerei auch eine Sämerei, die Saatgut sammelt und daraus kraftvolle Gewächse züchtet, besonders alte Sorten, aber auch exotische, die mit dem Klimawandel heimisch werden können und die sich bereits in Gewächshäusern anbauen lassen. Gewächshäusern gilt eine besondere Aufmerksamkeit, weil sie eine Lösung sind, den wachsenden Wetterextremen zu begegnen. Bei größeren Gewächshäusern ist eine runde Kuppelform zu bevorzugen, die starken Stürmen besser zu trotzen weiß, als Rechtecke. Das ist das Prinzip einer Jurte, da diese Konstruktion kaum Angriffsflächen hat und von starken Winden eher in den Boden gedrückt wird.

Ein wichtiger Gesichtspunkt bei der Betreibung von Gewächshäusern in unseren Breiten ist die Beheizung im Winter. Eine integrierte Stromproduktion mit regenerativen Energiequellen sollte unbedingt bedacht werden, um hohe Energiekosten zu mindern.

Sortiment der Gärtnerei

- Kräuter & Gewürze
- Gemüsepflanzen
- Pilze
- Blumenstauden
- Beerenbüsche
- Blühsträucher
- Obstbäume
- Nutz- und Zierhölzer
- Sämerei
- Potpourri

• Solidarische Landwirtschaft (SoLaWi)

Direkt auf der ersten Versammlung des Solidarischen Dorfes sollte das Konzept der Solidarischen Landwirtschaft[14] (SoLaWi) vorgestellt werden. Darin integriert werden Aspekte der Landhege (Permakultur, Terra Preta, Agnihotra usw.), um gesunde Nahrungsmittel zu ernten und den Einsatz von künstlichen Düngemitteln und chemischen Schädlingsbekämpfungsmitteln zu beenden.

14) Solidarische Landwirtschaft (SoLaWi) bezeichnet eine Form der Landwirtschaft, bei der eine Gruppe von Menschen mit einem lokalen Landwirt kooperiert. Dieser produziert auf ökologischer Basis das, was die Mitglieder (für ein Jahr) in Auftrag geben. Sie geben ihm sowohl eine Abnahmegarantie als auch Unterstützung für Aufbau oder Umstellung des Betriebes in Form eines (zinslosen) Darlehens.

Bereitet eine Liste vor, in die sich Interessenten für ein solches Vorhaben eintragen können. Eine gewisse Zahl an Mitgliedern braucht es, um anfangen zu können. Macht euch gründliche Vorstellungen, wie eure regionale Landwirtschaft in ein paar Jahren aussehen soll. Besprecht euch im Beisein von Bauern, was auf den Feldern angebaut werden soll und kann. Denkt neben Nahrungsmitteln genauso an verschiedene nachwachsende Rohstoffe, mit denen bestehende kommunale Manufakturen beliefert oder neue Betriebe ins Leben gerufen werden können.

Spätestens dann, wenn ihr mit der Solidarischen Landwirtschaft beginnen wollt, ist die Gründung eurer Dorf-Kooperative ratsam. Ist das geschehen, vereinbart diese Interessengemeinschaft die Zusammenarbeit mit einem ökologisch ausgerichteten Bauern der Region, der auf seinen Ländereien in Zukunft die Menge an Nahrungsmitteln und nachwachsenden Rohstoffen anbaut, welche ihr in Auftrag gebt. Natürlich könnt ihr auch auch mit mehreren Bauern zusammenarbeiten.

Sind Funktionsweise und Regelwerk der SoLaWi geklärt, kommt die Phase, in der geeignete Bauern angesprochen werden. Natürlich wird man erst einmal die Bauern im eigenen Dorf abklappern. Findet heraus, welche Menschen aus eurer Bürgergruppe sich für diese Aufgabe besonders eignen – weil sie charmant sind, gut reden und erklären können und die Bauern bereits kennen. Die Mission sollten jedoch höchstens zwei Personen ausführen, die gut vorbereitet, mit klaren Vorstellungen und verständlichen Worten an die Bauern herantreten.

Bauern, in ihrer oft prekären Situation, sind leicht für die Idee der Kooperation zu gewinnen, wenn sie wissen, dass sie für das, was sie anbauen, direkt vor Ort garantierte Abnehmer haben. Das sichert ihnen ein ausreichendes Einkommen und vertreibt ihre Sorgen. Obendrein sparen sie durch die SoLaWi Kosten für Lagerung, Transport, Löhne und Logistik. Ist der Bauer gefunden, wird er die Höhe des Jahresetats, also den Bedarf für das folgende Wirtschaftsjahr ermitteln und jährlich erneuern. Der Solawi-Jahresetat deckt alle Kosten des Hofes, inklusive Lohnkosten, Versicherungen, Reparaturen und notwendigen Investitionen. Aus dem ermittelten Jahresbedarf und der Mitgliederzahl ergibt sich dann der monatliche Beitrag für jeden Einzelnen.

Bestenfalls betreibt die Kooperative den Regionalwaren-Laden, in dem Überschüsse aus der SoLaWi zum Tausch oder allgemeinen Ver-

kauf angeboten werden. In diesem Laden kann natürlich auch jeder Bürger selbst angebaute, ökologische Nahrungsmittel und selbst hergestellte ökologische Produkte zum Verkauf anbieten.

Folgende Kriterien sollten eingebunden werden:

- Eine klare Regelung für die Auslieferung – am einfachsten ist ein bestimmter Liefertag in der Woche, an dem man sich seine Kiste im „Liefercafé" abholt.
- Liefercafé (Kaffee, Kuchen, Speisen und Begegnung am Liefertag)
- Regelmäßiger Rundbrief - aktuelle Angebote und Infos zu Hof und Veranstaltungen
- Mitarbeit auf dem Hof
- Hof-Feste (Sommerfest, Erntedank, Kartoffelernte, Obsternte etc.)
- Teilnahme an Märkten

In bäuerlichen Kommunen lässt sich abklären, welche Nutztiere im Solidarischen Tierhof gemeinsam gehalten und genutzt werden können. Schafe eignen sich nicht nur zur Gewinnung von Wolle, die in einer Manufaktur zu Kleidung, Teppichen, Decken und Dämmmaterial verarbeitet wird, sondern auch zur Beweidung von Wiesen und Gärten. Kompost aus Tierdung wiederum ist wertvoller Bestandteil in der Permakultur und verbessert die Bodenqualität.

Zusätzlich zu den Feldern könnt ihr auch innerhalb des Ortes vermehrt Nahrungsmittel anbauen. Diese Idee ist unter dem Begriff Urbaner Gartenbau (siehe Kapitel 2.2 – Landhege/Urbaner Gartenbau) bekannt geworden und besonders für den innerstädtischen Raum eine raffinierte Methode, frische Nahrungsmittel aus nächster Umgebung zu beziehen. Es ließe sich eine Sammelaktion starten, bei der private Gärten oder gar eine Gärtnerei Nutzpflanzen für das Urbane Gärtnern spenden können.

• Urbaner Gartenbau & Essbare Kommune

In der essbaren Kommune werden öffentliche Grünzonen und Brachflächen zu gemeinschaftlich genutzten Gemüsegärten. Die Initiative kommt aus den Städten, wo Anbauflächen rar sind und nennt sich deshalb Urbanes Gärtnern[15].

Entstanden sind die ersten städtischen Gärten zu Zeiten der Industrialisierung, als viele Menschen für Fabrikarbeiten in die Stadt zogen und mit Nahrungsmitteln versorgt werden mussten. Johann Heinrich von Thünen hat sich hierzu eine Menge agrar- und wirtschaftswissenschaftliche Gedanken gemacht. In den Kriegszeiten des 20. Jahrhunderts wurde das urbane Gärtnern überlebsnwichtig und man forderte die Bevölkerung dazu auf, jede Nische der Stadt für den Anbau von Nahrungsmitteln zu nutzen. Heutzutage haben solche städtischen Anbauflächen den ökologisch bedeutsamen Nebeneffekt, Räume für zahlreiche Vogelarten, Insekten und Kleintiere zu schaffen, welche die Auswirkungen landwirtschaftlicher Schädlinge eindämmen.

Eine weitere Form urbanen Gärtnerns ist der Schulgarten. Insofern eine Schule im Ort vorhanden ist, bietet sich dort sicherlich die Möglichkeit, Gartenflächen anzulegen. Sicherlich ein tolles Projekt für die Kinder, dessen Ergebnisse eine langfristige Freude sein wird, sobald die Kinder die ersten Ernten von Kräutern, Tomaten, Beeren oder Spalierobst auf dem Teller haben.

Urbanes Gärtnern ist einfach und unmittelbar umsetzbar:

- Obstspaliere an Hauswänden
- Obstbäume zu Alleen und Obstwiesen pflanzen
- Hecken und natürliche Zäune aus Beerenbüschen

15) Urbaner Gartenbau, (wikipedia) ist die meist kleinräumige, gärtnerische Nutzung städtischer Flächen innerhalb von Siedlungsgebieten oder in deren direktem Umfeld. Die nachhaltige Bewirtschaftung der gärtnerischen Kulturen, die umweltschonende Produktion und ein bewusster Konsum der landwirtschaftlichen Erzeugnisse stehen global im Vordergrund.

- Rabatten mit Kräutern und Gewürzen an Gehwegen und Feld–rainen
- Gewächshäuser in Schulen und öffentlichen Anlagen
- Dachgärten mit Gemüseanbau auf Flachdächern
- Blumenkübel auf Bürgersteigen

Informationen und Hinweise zum Urbanen Gärtnern

Deutschlandkarte Urbane Gärten http://anstiftung.de/urbane-gaerten/gaerten-im-ueberblick
München-Karte – Urbane Gärten http://maps.muenchen.de/rgu/urbane_gaerten
PORTAL Urbane Gärten - K, L, Lu, W, http://gartenpiraten.net/urbane-gaerten
Urbane Gärten und Urban Farming erobern die Städte http://www.sein.de/gesellschaft/nachhaltigkeit/2010/urbane-gaerten-und-urban-farming-erobern-die-staedte.html
Essbare Städte- ein Trend setzt sich durch: http://www.sein.de/gesellschaft/nachhaltigkeit/2013/essbare-stadt--eine-idee-verbreitet-sich.html
Cityfarmer http://www.cityfarmer.de
Stadtentwicklung mit d. Gartenspaten http://speiseraeume.de/stadternaehrungsplanung
Fraunhofer-Institut entwickelt Gewächshäuser auf Dächern https://www.econitor.de/magazin/lifestyle/urban-farming-fraunhofer-institut-entwickelt-gewaechshaeuser-auf-daechern_11559.html
Gemeinschaftsgärten weltweit http://eine-andere-welt-ist-pflanzbar.urbanacker.net
Waldgarten http://essbarer-waldgarten.de

Filme zum Urbanen Gärtnern

Projekt GartenLabor https://youtu.be/Sjxvu5N_6Ww
Gärten für alle - Andernach https://youtu.be/3C4cLxwMBOk
Berlin Kreuzberg - Alternativer Stadtgarten https://youtu.be/oUUlwm9tmNA
Hamburg - Soziale Gärten https://youtu.be/CEPnOL7C89o

• Obstwiesen & Waldgärten

Obstwiesen sind in der Landhege unentbehrlich. Nebst einer Fülle von Früchten, die sie alljährlich reifen lassen, sind es wertvolle Lebensräume für Insekten, Vögel, Kleintiere und Weidevieh wie Schafe, Pferde und Ziegen. Durch regelmäßige Beweidung werden die Wiesen vor Verkrautung und Verbuschung geschützt, wodurch sich eine Vielzahl an Wildblumen und -kräutern darauf ansiedeln kann. Eine erweiterte Form der Streuobstwiese ist der Waldgarten.

Ein Waldgarten ist mehr als Wald und Streuobstwiese. In den hochgelegenen Schichten besteht er aus Fruchtbäumen, darunter aus Beerensträuchern und fruchttragenden Büschen, Kräutern und Bodendeckern in Bodennähe, und in der Humusschicht lassen sich z. B. rhizombildende Gemüse anbauen. Jedes Fleckchen wird genutzt und die gesamte Komposition ermöglicht eine hohe Lichtausbeute. Neben Nahrung bietet ein Waldgarten Essen, Schutz, Rückzug und Erholung.

Durch intelligente Auswahl einander begünstigender Pflanzen gedeiht ein sich selbst erhaltender und vergrößernder Waldgarten. Die ökologische Vielfalt sorgt für kräftiges Wachstum in einem intakten Biotop, das gesunde und reiche Ernten von Nahrungsmitteln hervorbringt. Dieses Konzept der ökologischen Bewirtschaftung von Waldrändern, Wiesen und Gartenräumen ist ebenfalls Bestandteil der Permakultur.

• Vom Kompost zum Humus

Humus entsteht, wenn organisches Material verrottet. Die kostbarste Erdschicht ist oft nur wenige Zentimeter dünn und braucht Bewuchs und Mulch, um nicht vom Regen ausgewaschen oder vom Wind abgetragen zu werden. Aus dieser Humusschicht beziehen Pflanzen die Nährstoffe, die sie zum Gedeihen benötigen. Sie ist Lebensraum millionenfacher Kleinstlebewesen und Pilzkulturen, die unabdingbar für die gesamte Bodenökologie sind. Gerade Pilze breiten sich in dieser Schicht über viele hundert Meter aus. Sie vernetzen die Pflanzen und transportieren zum Beispiel Informationen von einem Ende des Waldes zum anderen. Sie sind „die Nerven und das Gehirn" dieses Lebensraumes. Eben weil

Pflanzen unbeweglich an einem Platz stehen, braucht es ein solches System, das den Pflanzen hilft, auf jede Veränderung der Umgebung chemisch zu reagieren.

Menschen siedelten dort, wo sie humus- und nährstoffreiche Böden fanden. Das waren vorrangig Lössböden, die Flüsse und Gletscher zurückgelassen hatten. Mit zunehmender Siedlungsdichte lohnte es sich, Land auch in entlegeneren Gebieten urbar zu machen. Waren die Böden dort nicht fruchtbar genug, entwickelte man Methoden, um sie mit Nährstoffen anzureichern. Beobachtungen in der Natur genügten, um zu begreifen, dass sich organisches Material in relativ kurzer Zeit zu einer Erde umwandeln ließ, auf der besonders große Kartoffeln, Kürbisse oder Karotten wuchsen. Was wir heute Permakultur nennen, beruht auf dem über Jahrtausende gewachsenen Wissen über die ökologische Zusammenhänge.

Wenn du einen Garten mit kargem Boden hast, kannst du einen Lastwagen mit Mutterboden ordern. Er kommt von Baustellen, auf denen die obersten Erdschichten abgetragen werden müssen, um feste Fundamente bauen zu können. Da Mutterboden gesetzlich geschützt ist[16], darf das kostbare Erdgut nicht zusammen mit Bauschutt entsorgt werden. Damit ist es aber nicht getan, wenn du einen fruchtbaren und gesunden Garten gedeihen lassen willst. Da der Landheger auf künstliche Düngemittel verzichten will, braucht es ein System, Mutterboden langfristig mit Nährstoffen und Mikroben zu versorgen. Das beste, was man tun kann, um Pflanzen gesund zu halten, ist ein nährstoffreicher Boden, aus dem sich Pflanzen herausziehen können, was sie stark und widerstandsfähig macht. Das ist die Aufgabe eines Komposts. Und so geht's:

• Bauanleitung Kompostmiete

Die einfachste Variante ist, sich eine vorgefertigte Kompostmiete im Gartencenter oder Baumarkt zu besorgen. Die gibt es für um die zwanzig Euro. Sie ist praktisch, lässt sich leicht zusammenbauen und jederzeit beliebig umsetzen. Doch unterstützt man damit die Verwen-

16) § 202 BauGB (Baugesetzbuch), „Schutz des Mutterbodens“

dung von erdölbasierten Materialien. Das wollen wir insgesamt möglichst vermeiden. Ökoligent ist es, wenn du dir deine Kompostmiete selbst baust. In einem Sägewerk kann man günstig Hölzer und Bretter erstehen, die dort meist als Abfall herumliegen. Vorteil bei diesem Holz ist, dass es garantiert unbehandelt ist, du dir also keine Giftstoffe in den Garten holst (Leime, Holzschutzmittel etc.) Für einen fairen Preis kannst du dir den Anhänger vollladen. Daheim sägst du dir das Holz zurecht, um ein quadratisches Gestell daraus zu bauen. Die Miete sollte nicht größer als 1 x 1 Meter sein. Lieber mehrere bauen, damit der Umwandlungs-Prozess nicht zu lange dauert. Am besten verschraubst du die Bretter miteinander, dann lässt sich die Konstruktion gegebenenfalls wieder demontieren. Die Box sollte an den Seiten nicht ganz geschlossen sein, sondern Schlitze zwischen den Brettern lassen, damit der Kompost „atmen" kann. Nur dann kommen aerob arbeitende Bakterien zum Zug und wandeln organisches Material in duftende Erde um. Ist der Kompost zu wenig durchlüftet, finden anaerobe Fäulnisvorgänge statt, es entsteht kein Kompost-, sondern ein Misthaufen. Auch bei der Befüllung der Miete ist das zu beachten. Der Boden bleibt offen, aber an einen Deckel solltest du denken, um das Milieu vor Wettereinflüssen und zu starker Sonneneinstrahlung zu schützen.

Zuunterst kommt eine Lage Reisig, darauf eine Schicht Laub. Eine Weile lassen sich die Küchenabfälle ausleeren, bis du die nächste Schicht Laub und Reisig einbringst. Nun brauchst du noch Regenwürmer, den roten Mistwurm oder Kompostwurm. Er braucht Wärme (20-25 Grad), die durch die Zersetzung im Inneren der Kompostmiete entsteht. Mistwürmer spielen bei der Umwandlung des organischen Materials eine wesentliche Rolle. Wenn bei dir im Garten nur wenige solcher Würmer wohnen, kannst du Nachbarn und Bekannte fragen, ob sie dir eine kleine Kolonie schenken. Bei guten Bedingungen vermehren sie sich rasch. Hast du diese Möglichkeit nicht, kannst du sie käuflich erwerben. Eine ebenso wichtige Rolle spielen Pilzkulturen und Mikroben. Zur Beschleunigung der Prozesse gibt es biologische Tricks, um die entstehende Komposterde mit wertvollen Zusatzstoffen anzureichern:

• Bokashi & Effektive Mikroorganismen

Effektive Mikroorganismen sind eine Kombination verschiedener Mikrobenstämme, wodurch der Umwandlungsprozess im Kompost beschleunigt wird. Diese Mischung entwickelte in den achtziger Jahren der japanische Professor für Gartenbau Teruo Higa. Eine wesentliche Eigenschaft dieser Mischung ist, dass sie stabil ist, weil sich die unterschiedlichen Kulturen in ihren Stoffwechselprozessen wechselseitig begünstigen und ergänzen. Was des einen Abfall ist des anderen Nahrung (geradezu ökoligent). Die Mischung hat zudem den günstigen Nebeneffekt, dass sie unangenehme Gerüche reduziert und neutralisiert.

Die Hauptbestandteile dieser Mikroben-Gemeinschaft haben folgende Eigenschaften:

- Milchsäure-Bakterien fermentieren organisches Material. Ihre Säuren hemmen das Wachstum von Krankheitserregern.
- Hefe-Bakterien produzieren Vitamine und Aminosäuren.
- Photosynthese-Bakterien sorgen als älteste Lebensform auf der Erde mit ihren Stoffwechselprodukten für das Gleichgewicht zwischen den Mikroorganismen. Sie wandeln unter anderem schädliche Gase in Amino- und Nukleinsäuren um.
- Aktinomyzeten produzieren aus Aminosäuren antimikrobielle Stoffe, die schädliche Pilze und Bakterien unterdrücken.
- Ferment-aktive Pilzarten beschleunigen Zersetzungsprozesse, wobei Alkohol, Ester und antimikrobielle Stoffe entstehen, welche Ungeziefer fernhalten und schlechte Gerüche unterdrücken.

Wer Küchenabfälle in einem Komposteimer in der Küche sammelt, kann bereits dort immer wieder eine Kelle Bokashi[17] einbringen. Du wirst sehen, wie sich der Zerfall beschleunigt. Auf diese Weise wird das Substrat regelmäßig in die Kompostmiete eingebracht und gelangt anschließend in deinen Ackerboden. Bokashi für unterschiedliche Zwecke kannst du beispielsweise aus Rasenschnitt selbst herstellen.

Infos und Anleitungen zu EM + Bokashi findest du u.a. auf

Anleitung für Bokashi-Eigenherstellung	www.em-berlin.de/bokashi.htm
EM Sanierung	www.em-sanierung.de
EM Kaufhaus	www.em-kaufhaus.de
EM Süd	https://em-sued.de

Auf youtube gibt es zahlreiche Videos zur Herstellung von Bokashi.

- **Brennnesseljauche**

Brennnesseljauche ist altbekannt und einfach herzustellen. Alles, was du brauchst, ist eine größere Wanne oder Tonne, in die du frischen Brennnesselschnitt einlagerst. Dann wird das Gefäß mit Wasser aufgefüllt. Nach einigen Tagen wandelt sich das Gemisch in eine stark riechende Jauche um. Um die Gerüche zu reduzieren, lässt sich auch dort Bokashi einbringen. Kaffeesatz bindet ebenfalls Gerüche.

Vor Verwendung wird die Jauche 1:10 mit Wasser verdünnt. Dann kann die Nährflüssigkeit vergossen werden (Zur Düngung nimmt man vergorene Brennnesseljauche, zur Ungezieferbekämpfung am besten noch gärende). Das dient zur Ernährung der Pflanzen, hat aber auch den Effekt, Schädlinge zurückzudrängen. Zur Behandlung kranker Pflanzen wird die Jauche auf das Blattwerk gesprüht. Dieser Vorgang sollte eine Zeitlang wöchentlich wiederholt werden, bis eine Verbesserung sichtbar wird.

---

17 Bokashi (jap.:"Allerlei") fermentiertes organisches Material.

• Kaffeesatz

Kaffeesatz reichert Erde mit Nährstoffen, wie Stickstoff (Blattwachstum), Kalium (Zellenaufbau und Stabilität) und Phosphor (Blüten- und Fruchtbildung) an, idealerweise natürlich der Satz von Biokaffee. Das Pulver in die Beeterde einharken oder ringförmig als zusätzlichen Schutz vor Ameisen um die Pflanzen herum verteilen oder mit Wasser verdünnen und im Gießwasser einsetzen. Bei Einbringung in den Kompost, zieht er Regenwürmer an, die für die schnelle Zersetzung des Blattmaterials sorgen.

Weiteres siehe Kapitel Natürliche ROHSTOFFE/Abfallvermeidung

• Saatgut

Tragt Saatgut zusammen! Denkt bei der Ernte daran, Samen für das nächste Jahr aufzubewahren. Am Anfang empfiehlt es sich, die Sortimente verschiedener Bio-Saatgut- Händler durchzuschauen. Das ist deshalb wichtig, weil immer mehr kommerzielles Saatgut Hybriden sind. Sie sind in dem Sinne wertlos, weil die Pflanze ihre gezüchteten Eigenschaften nur für eine Generation besitzt. Das Saatgut der Hybriden verliert diese Eigenschaften, weshalb Landwirte jedes Jahr neues Saatgut kaufen müssen. Deshalb gilt es, natürliches Saatgut, das sich an die gegebenen Bedingungen angepasst hat, zu schützen und zu vermehren. Besonderes Augenmerk solltest du bei der Bestellung auf alte Sorten haben, die sich über viele Generationen an hiesige Bedingungen angepasst haben. Mittlerweile haben sich zahlreiche Tauschbörsen für Saatgut gebildet. Solche Adressen lassen sich unter anderem über Transition-Town-Gruppen in Erfahrung bringen.

Für die Entwicklung von Arten- und Sortenvielfalt ist eine breite Auswahl von Saatgut sinnvoll. In naher Zukunft kann die Dorf-Gärtnerei Saatgut aus eigener Ernte verwenden.

Saatgut-Händler

Verband dt. Wildsamen-und Wildpflanzenproduzenten e.V.	www.natur-im-vww.de
Dreschflegel	http://www.dreschflegel-saatgut.de
Die Wilde 7	http://www.wilde-7.de
Saatgut-Tauschbörse	http://www.saatgut-tauschboerse.de
Bingenheimer Saatgut	http://www.bingenheimersaatgut.de
Biogartenladen	http://www.biogartenladen.de
Biogartenversand	http://www.biogartenversand.de
Bio-saatgut	http://www.bio-saatgut.de
Grüner Tiger	http://www.gruenertiger.de
Kräutergarten Storch	http://www.kraeutergarten-storch.de
Nutzpflanzenvielfalt	http://www.nutzpflanzenvielfalt.de
Saatgut Vielfalt	http://www.saatgut-vielfalt.de
Samenfest	http://www.samenfest.de
Vern	http://www.vern.de
Gemüsesorten-Projekt	http://www.gemuesesortenprojekt.de
Kraizschouschteschgaart - Gemüseraritäten:	http://www.kraizschouschteschgaart.info

Österreich

Reinsaat	http://www.reinsaat.co.at
Arche Noah	http://www.arche-noah.at

Schweiz

Zollinger Samen	http://www.zollinger-samen.ch
Sativa Rheinau	http://www.sativa-rheinau.ch
Arthasamen	http://www.arthasamen.ch
Biosem	http://www.biosem.ch
Pro Specie Rara	http://marktplatz.prospecierara.ch/angebote.aspx

• Naturschutz

Keine Frage. Die Natur müssen wir schützen, denn sie ist unsere Lebensgrundlage. Eine intakte und artenreiche Natur sorgt für gesunde Menschen. Man sollte meinen, es wäre eine Selbstverständlichkeit. Seit Beginn der Industrialisierung ist jedoch die tiefe Verbindung zur Natur stark beschädigt worden, um es gelinde auszudrücken. Was indigenen

Völkern noch im Blut pulsiert und wofür sie abfällig „Wilde", „Unzivilisierte" oder „Unterentwickelte" genannt wurden und werden, ist den Menschen in den Industrienationen systematisch genommen worden (und wird ihnen genommen, beispielsweise in Indien und China). Aus einem selbstbestimmten Leben im Einklang mit der Natur erwuchs eine umfassende Abhängigkeit von einer Versorgung durch den Staat und vor allem durch die Wirtschaft.

Was heroisch „moderne Zivilisation" genannt wird, geht auf Kosten der Natur und des gesamten Planeten. Die katastrophalen Umweltzerstörungen kennen wir alle. Doch bewusst ist vielen nicht, welche Folgen tagtägliches Handelns hat. Die Angebote der Industrie werden konsumiert, ohne einen blassen Schimmer davon zu haben, was die Produktion von Massengütern zu Schnäppchenpreisen überall auf der Welt anrichtet: physisches und psychisches Elend, Unterdrückung, Zwangsarbeit, Not und Armut. Ein geringer Teil der Menschheit lebt in einem höchst komfortablen Wohlstand auf Kosten der überwiegenden Mehrheit, deren Länder in Afrika, Asien und Südamerika seit Jahrhunderten ohne Rücksicht auf Mensch und Natur ausgebeutet werden.

Nach Protesten, Bürgerinitiativen und Aufständen rund um den Erdball und unzähligen ökologische Rettungsmaßnahmen scheint sich nicht wirklich etwas zu verbessern. Die Zustände nehmen gebietsweise apokalyptische Ausmaße an. Bleibt die Frage, wie wir dieser dunklen Entwicklung entgegenwirken können. Es kann sich etwas ändern, wenn jeder einzelne bei sich anfängt und sein Konsumverhalten gründlich überdenkt. Jeden Tag, wenn wir etwas einkaufen. In jedem Laden können wir bewusst kontrollieren, was wir konsumieren. Wo kommt das Produkt her? Aus welchen Materialien und Zusatzstoffen besteht es? Wer hat es produziert? Wie ist es verpackt? Nachhaltige Veränderungen können konkret nur vor Ort stattfinden, in deiner Kommune, in deinem Laden. Die Art unseres Konsums ist unsere echte Wahlstimme. Mit ihr allein können wir unmittelbar Einfluss nehmen. Was nicht mehr konsumiert wird, wird nicht mehr produziert. Das erzwingt das Umdenken bei Produzenten.

Das ist einer der wesentlichen Gründe für die Schaffung Solidarischer Dörfer. Mittels einer ökoligenten Infrastruktur können wir Verantwortung übernehmen. Durch Eigeninitiative und regionale Betriebe, die einen Großteil unseres Ressourcen-Bedarfes vor Ort ökologisch herstellen. Nicht für Massenproduktion, sondern für den Bedarf der Kommune. So entziehen wir verbrecherischen Großkonzernen die Kundschaft, lassen ihre Absatzmärkte bröckeln. Das ist das einzig wirksame Mittel, ihren morbiden Strategien zu stoppen. Das Gute: Schon der regionale Boykott von Produkten zeigt kurzfristige Wirkung. Und diese Eile ist geboten. Selbstbestimmte Kommunen haben das Recht und die Freiheit, die Ansiedlung und das Einwirken solcher Konzerne zu unterbinden, wie das in immer mehr Kommunen bereits geschieht. Einzig vor Ort, im Regionalen können wir diesen Ungeist verbannen. Gleichzeitig veranschaulicht eine ökoligente Infrastruktur, dass Wohlstand und Naturschutz durchaus im Einklang miteinander stehen können. Darüber hinaus lässt sich mittelfristig beweisen, dass ökologisches Handeln nicht nur für die Natur, sondern auch für den Menschen zu wertvolleren und vor allem gesünderen Ergebnissen führt. Und das auf allen Ebenen. Schauen wir uns nun an, was jeder konkret, bei sich daheim, an konkreten Maßnahmen ergreifen kann, um Naturräume zu erhalten und aufzubauen sowie die Artenvielfalt zu erhalten und wachsen zu lassen.

• Insekten-Hotels

Immer häufiger sieht man in Gärten und öffentlichen Anlagen solche Bauten mit zahlreichen Hohlräumen in unterschiedlichen Naturmaterialien. Darin finden Insekten Unterschlupf, die für eine gesunde Natur nützlich sind. Spielen mancherlei Insektenarten bei der Bestäubung der Blüten eine Rolle, dienen andere beispielsweise zur Regulierung von Pflanzenschädlingen. Da die industrielle Landwirtschaft für sie keinen Lebensraum duldet, braucht es andere Nist- und Überwinterungsplätze für Hummeln und Wildbienen, Brack-, Grab-, Schlupf- und Wegwespen. In die Bruthöhlen des Insektenhotels ziehen auch Blumenwanzen, Flor- und Schwebfliegen, Raub- und Marienkäfer, Ohrwürmer, Glühwürmchen und sogar Schmetterlinge ein. Die unterschiedlichen Arten können tatsächlich friedlich nebeneinander leben und sorgen auf unterschiedliche Weise für ein ökologisches Gleichgewicht (den Download eines wertvollen Beitrags zur ökologischen Rolle von Insekten findest du unter: www.insect-respect.org/respekt/wert-der-insekten.html).

Achte darauf, dass den fleißigen Helfern genug Nahrung in der unmittelbaren Umgebung zur Verfügung steht. Das sind einheimische Pflanzen, Wiesenblumen, Wildkräuter, Sträucher und Bäume. Was außerdem nicht fehlen sollte, ist eine Wasserstelle und Baumaterial, wie Sand und Lehm für ihre Nester. Und es darf ruhig einmal altes Laub und Kleingeäst auf den Beeten liegen bleiben. In zu ordentlichen Gärten bleiben die Hotels leer.

Das Insektenhotel lässt sich einfach selbst herstellen. Bauanleitungen und Inspirationen findest du reichlich im Netz. Die Materialien für den Selbstbau sollten naturbelassen sein, also frei von Lack und Lösungsmitteln, Holzschutz oder Imprägnierung. Zwischenräume lassen sich zur Dämmung mit Naturmaterialien befüllen: Kies, Lehm, Moos, Reisig, Rinde, Stroh. Sie alle sollten ebenfalls frei von Pestiziden sein! Achte darauf, dass du einen wind- und regengeschützten, sonnigen Platz findest. Die Einflugöffnungen sollten nach Süden weisen.

• Vogel-Brutkästen

Ein weiterer Bestandteil zur Herstellung einer intakten und lebendigen Ökologie im Dorf sind Brut- und Nistkästen für verschiedene Vogelarten. Jede Vogelart hat andere Ansprüche und Vorlieben an ihr Nest, weshalb es natürlich unterschiedliche Formen gibt. Das hängt nicht nur von der Größe des Vogels ab, sondern vor allem von seiner Lebensweise und seiner ökologischen Rolle.

Schwalben beispielsweise brüten gerne in Kolonien. In machen Orten sieht man sie noch, die Schwalbenbäume im Dorfzentrum. Früher gehörten solche Schwalbenbäume zum normalen Dorfbild. Schwalben vertilgen Unmengen an Mücken im freien Flug und verhindern Plagen. Weil sie bei schönem Wetter den Insekten aufwärts folgen, fliegen Schwalben bei schönem Wetter höher als bei schlechtem. Schwalbenbäume sind neben ihrer Nützlichkeit dekorativ. Sie lassen sich wie ein Maibaum schmücken. Unterhalb der Brutplätze muss jedoch viel Freiraum sein, um das An- und Abfliegen nicht zu behindern.

Eule, Turmfalke und Storch ernähren sich von Nagern, die mancherorts zu großen Schädigungen im Wurzelbereich führen. Mit der Ansiedlung größerer Vögel wird die Population auf natürliche Weise reguliert und das Bemühen der Katzen unterstützt.

• Biotope

Schafft Biotope, wo immer es möglich ist. Sie müssen nicht groß sein. Selbst im Garten lassen sich Zonen finden, in denen Kleinst-Biotope entstehen dürfen. Das können Teiche, Gebüsche und Misch-Hecken sein. Genauso wertvoll sind üppige Staudenrabatten, die im Sommer ihre bunten Blüten entfalten und für Bienen, Hummeln, Schmetterlinge und Vögel eine reich gedeckte Tafel bedeuten. Im Herbst sind es die Samen, die nähren. Vögel sorgen für ihre Verbreitung.

Nicht jedes Beet muss akkurat aufgeräumt werden. Laub und Reisig haben ihre Daseinsberechtigung. Feiner Mulch schützt die Böden und fördert die Bildung und Vermehrung von Mikroorganismen und Pilzkulturen. Ohne diese Kleinstlebewesen wird die Erde auf die Dauer unfruchtbar. Reisig, in einer Ecke des Gartens gelagert, dient als Schutz für Vögel und Baumaterial für deren Nester. Im Winter freut sich der Igel über einen solchen Haufen. Igel ernähren sich nicht von Obst und Gemüse, sondern sind gern gesehene Nützlinge bei Gärtnern. Auf ihrem Speiseplan stehen Laufkäfer, Larven von Nachtschmetterlingen und sonstige Insekten, Regenwürmer, Ohrwürmer, Schnecken, Hundertfüßler sowie Spinnen.

Rasenschnitt gehört überhaupt nicht in die Biotonne. Macht dir die Mühe und breite ihn in einer von Sonne beschienenen Ecke des Gartens zum Trocknen aus. Frischer Rasenschnitt darf nicht zu einem Haufen getürmt werden, denn er entwickelt enorme Wärme und kann sich sogar entzünden. Sobald die Feuchte nach wenigen Tagen aus dem Gras heraus ist, kannst du das Material als Mulch für Gemüse- und Kräuterpflanzen verwenden. In kurzer Zeit wird dadurch die oberste Bodenschicht locker und schützt vor zu schneller Austrocknung, weshalb man weniger gießen muss. Eine feine, nährstoffreiche Krume bildet sich heran, wenn du das regelmäßig machst. Bevor du den nächsten

Rasenschnitt aufträgst, sollte die Erde leicht durchmischt werden. Einen anderen Teil kannst du in einer wenige Zentimeter dünnen Schicht auf den Kompost legen.

In der Kommune macht ihr euch stark für kleine Tümpel und Heckensäume entlang von Straßen und Feldern. In größerem Stil werden Auen, Wild- und Streuobstwiesen wiederhergestellt und eingerichtet, Bachläufe dereguliert, verwilderte Gebüsche und karges Brachland geduldet. Auch Alleen aus heimischen Laubbäumen bilden Lebensraum für die unterschiedlichsten Pflanzen, Pilze und Tiere. In größerem Stil sind es Flusslandschaften und Mischwälder, Sümpfe, Moore, Heide- und Kalkkarstgebiete, die unsere Flora und Fauna lebendig werden lassen.

Stell dir vor, das würde gleichzeitig in vielen Dörfern und Kommunen geschehen: Dann können sich Biotope zu größeren Korridoren vernetzen, wohin sich bedrohte Tierarten zurückziehen können. Solche Biotopverbünde bieten aber auch verdrängten und gebietsweise ausgestorbenen Tierpopulationen einen neuen Lebensraum. Aufgezogene Tiere können in diese Lebensräume ausgewildert werden.

• Artenschutz und -zucht

Je größer die Vielfalt an Pflanzen und Tieren, desto intakter die Natur. Unterstützend entwickelt ihr mit der Kommuneverwaltung verschiedene Maßnahmen zur Erhaltung und Ansiedlung heimischer Tierarten. In jeder Region gibt es dafür andere Möglichkeiten, etwa Volieren für Vögel, Ruinen für Turmfalken und Mauersegler, Feuchtgebiete für Frösche, Pflegestationen und Aufzuchtgehege für größere Wildtiere. In dieser Hinsicht macht sich der NABU (Naturschutzbund Deutschland e.V.) besonders stark. Ladet Vertreter solcher Naturschutz-Verbände ein, um festzustellen, für welche Tierarten sich bestimmte Landflure eignen. Die Verbände helfen auch beim Einrichten der Schutzgebiete.

Naturschutz – Verbände, Organisationen, Institute

NABU	www.nabu.de
BUND – Bund für Umwelt- und Naturschutz Dt.	www.bund-naturschutz.de
Leibniz Institut für Gewässer-Ökologie	www.igb-berlin.de
WWF – World Wide Fund For Nature	www.wwf.de
Robin Wood	www.robinwood.de
Botanische Vereinigung für Naturschutz in Hessen e.V.	www.bvnh.de
Bundesamt für Naturtschutz	www.bfn.de
Unabhängiges Institut für Umweltfragen	www.ufu.de
Selbach Umwelt Stiftung	www.selbach-umwelt-stiftung.org
Euro-Natur - Naturschutz in Europa	www.euronatur.org
Heinz Sielmann Stiftung	www.sielmann-stiftung.de
DBU - Deutsche Bundesstiftung Umwelt	http://www.dbu.de

• Renaturierung von Bächen und Flüssen

Neben der Schaffung von Lebensräumen kommt der Renaturierung von Bächen und Flüssen eine bedeutsame Rolle zu:

- Hochwasserschutz
- Hebung des Grundwasserspiegels
- Betreiben von Mühlen zur Stromgewinnung, um Getreide zu mahlen und Speiseöle zu pressen.
- Bewässerung von Feldern

Solche Projekte bedürfen guter Vorbereitung und der Anleitung von Biologen und Landschaftsgärtnern. In diesem Zusammenhang möchte ich auf die Projekte des Flussbaumeisters Ottmar Grober hinweisen. Seine Pendelrampen haben in einigen Kommunen, die sich entlang von Fließgewässern um Hochwasserschutz kümmern mussten, zu überzeugenden Ergebnissen geführt. Im Netz gibt es einige Filmdokumentationen, welche Funktionsweise und Wert eindrucksvoll erklären. Grobers Praktiken basieren auf den Erkenntnissen Viktor Schaubergers, der sich mit dem Wesen des Wassers intensiv beschäftigte.

Schauberger fand unter anderem heraus, dass Wasser ein markantes Fließverhalten hat, das es von anderen Flüssigkeiten unterscheidet. Es fließt nicht einfach nur geradeaus, sondern hat die Tendenz, sich zu drehen und zu verwirbeln. Naturbelassene Flüsse bilden unter anderem deshalb Mäander (Flussschleifen) aus. Begradigte Flüsse, die durch befestigte Ufer führen, verlieren diese natürliche Eigenschaft. Das hat Folgen, denn Mäander verlangsamen die Fließgeschwindigkeit. Gerade bei Hochwasser ist das bedeutungsvoll. Durch Mäander kann das Hochwasser besser in Flutungsgebiete einfließen und ins Grundwasser einsickern. Schnelle Flüsse reißen Ufer mit, und Sedimente, die sonst im Flussbett liegen bleiben, schwemmt es gen Mündung, womit die Natur wertvollen Nährboden verliert.

- **Sanierung verschmutzter Böden**

Die Belastung von Böden, Gewässern und Meeren mit Schadstoffen hat weltweit extrem zugenommen. Gerade bei der Reinigung der Ozeane von Mikroplastik sieht man wie aufwendig die Beseitigung industrieller Sünden ist. Viel zu wenig Aufmerksamkeit wird dabei auf nützliche Helfer aus den Pilz- und Bakterienreichen gelegt. Auf manchen Internetpfaden stößt man ab und an jedoch auf bemerkenswerte Mitteilungen. Bakterien, die Plastik zersetzen beispielsweise.

Es gibt aber auch zahlreiche Meister aus der Pflanzenwelt, die auch mit Schwermetallen im Boden zurecht kommen und diese den Böden entziehen. Wer also vor der Herausforderung steht, Böden oder Gewässer reinigen zu müssen, sollte sich die Zeit nehmen und recherchieren, welche Entdeckungen die Wissenschaft bereithält. Solche Meldungen nehmen zu, da sich einige Universitäten und wissenschaftlichen Laboratorien auf die Bionik konzentrieren, innerhalb derer sie die Eigenschaften von Pflanzen und Fähigkeiten von Tieren zu kopieren versuchen.

Weitere Einzelheiten findest Du im Kapitel 2.5 Natürliche ROH-STOFFE/ Abfallvermeidung und Wiederverwertung (Upcycling)

2.3 TRINKWASSER

• Trinkwasser gewinnen

Das Wasser - es ist die wichtigste Grundressource, der Quell, aus dem sich das Leben gebar. Regenwasser ist Süßwasser, Trinkwasser für Tier, Mensch und fruchtbares Land. Unsere Breiten sind verwöhnt mit dem kostbaren Gut. Wo Regen ist, da fließen Bäche, bilden sich Flüsse, stauen sich Sümpfe und Seen. Dieses Luxus' und Segens sind wir uns nur selten bewusst. Wasser ist in unseren Breiten in Fülle vorhanden. Meinen wir. Deshalb verschwenden wir es unachtsam. Zu einer Zeit mit weitaus weniger Erdbewohnern ging das. Aber in unserer dichtbevölkerten Zeit braucht es ein Umdenken. Bisher lassen wir Regenwasser in Regenrinnen, Straßengullys und Kanalisationen abfließen, anstatt es sinnvoll zu nutzen.

Der Wasserhunger von Städten und Industrien hat vielerorts den Grundwasserspiegel ganzer Landstriche dramatisch sinken lassen. Viele Böden sind verödet und durch schwere Landmaschinen verdichtet, sodass sie Regenwasser nicht mehr ausreichend aufnehmen können. Dann fließt es oberirdisch ab, schwemmt Humusschichten und nährstoffreiche Böden weg und führt zunehmend zu Hochwasserfluten. Diese kritische Situation offenbart den Klimawandel allzu deutlich. Wetterextreme von länger anhaltenden Trockenperioden bis hinzu monsunähnlichen Starkregen nehmen zu. Beides führt zu steigenden Schäden für Natur und Mensch. Anlass genug, Pläne zu entwickeln, wie wir aus der Ressource Wasser besten Nutzen ziehen, statt Schäden anzurichten.

Bei sich häufenden Starkregen muss es in Ortschaften nicht zu verheerenden Überschwemmungen kommen. Oft sind es Kanalrohre mit zu kleinem Durchmesser, die für Überflutungen sorgen. Sie sind für die geänderte Klimasituation, sprich die ungewöhnlichen Starkregen, nicht ausgelegt. Es wäre klug, dafür zu sorgen, dass Erdböden und Ortschaften das Wasser besser aufnehmen können. Es braucht ein ganzheitliches Konzept, wie der Regen systematisch aufgefangen, gereinigt, gefiltert und in Trinkwasser umgewandelt werden kann.

Die rasche Renaturierung von Bach- und Flussläufen ist eine unausweichliche Maßnahme, um zu allererst Fließgeschwindigkeiten zu mindern und Aulandschaften als natürliche Überschwemmungsregionen zu erhalten bzw. neu zu bilden. Hochwasser-Flutwellen werden erheblich seltener auftreten, wenn sich im gleichen Atemzug die Anbauweise der Landwirtschaft verändert und sich die Natur als Vorbild nimmt, sprich: Wenn ökologisch angebaut wird. Zwischen den Äckern sollten Hecken und Gebüsche grünen, die Mikroklima sowie Biodiversität verbessern und den raschen Abfluss des Regenwassers verlangsamen. An Bachläufen können künstliche Überlaufbecken einen Teil der Niederschläge aufnehmen, neue Biotope ausbilden und zur Bewässerung in Trockenperioden dienen. Beides, natürliche Feldraine und Staubecken, bilden gleichermaßen Lebensräume für Flora und Fauna.

Regenwasser ließe sich innerorts vermehrt sammeln, wenn sich unter jedem Haus standardmäßig Regenwasser-Zisternen als Trinkwasser-Reservoire befänden. Einen Großteil des täglichen Wasserbedarfs können wir sättigen, wenn wir gereinigtes Regenwasser in das Brauchwassersystem einspeisen. Eine gründliche Reinigung muss sein, da Wasser allerlei Moleküle aus der Luft in sich aufnimmt, also auch Schadstoffe. Wenn die Reinigung in jedem Gebäude stattfindet, muss nicht gleich ein Klärwerk gebaut werden. Zur Wasserreinigung gibt es recht einfache Verfahren. Gereinigtes, weiches Regenwasser lässt sich für Toiletten- und Geschirrspülung sowie zum Duschen und Wäschewaschen verwenden. Für die Nutzung als unbedenkliches Trinkwasser wird es mittels einer hausinternen Umkehrosmoseanlage und Rohren mit integriertem Verwirbelungs-Effekt zu einer mit Bergquellwasser vergleichbaren Reinheit veredelt. Das sollte die natürliche Rolle des Wasserwerks sein: systematisch Trinkwasser erster Güte herzustellen.

Allgemeines zum Wesen des Wassers

Viktor Schauberger – Das Wesen des Wassers
http://www.urquellwasser.eu/forschung/wasserbelebung/kalkschutz/viktor-schauberger-die-entdeckungen/33113
Energetisiertes Wasser - der vierte Zustand des Wassers | Sein.de
https://www.sein.de/energetisiertes-wasser-universitaet-lueftet-geheimnisse-um-wasser
Wasser-Stiftung http://www.wasserstiftung.de
Grander www.grander.com
Plocher www.plocher.de
Heilige Quellen und sagenhafte Gewässer in Deutschland www.heilige-quellen.de

Filme zum Wesen des Wassers

Faszination Wasser! - Teil 1/5 - 3Sat-Doku https://youtu.be/_zdSyiQzBv0
Water - Die geheime Macht des Wassers https://youtu.be/Q_Osih3pGqk
Das Geheimnis der Wirbelphänomene in Wasser (Jörg Schauberger)
https://youtu.be/Hd3lnWVIlpo
Viktor Schauberger - Die Natur kapieren und kopieren https://youtu.be/R4h_yiDluQE

• Regenwasser nutzen

So viel Regen! Aber das ist unser Segen. Wenn wir ihm Raum geben, sich zu sammeln. Im Grunde müsste jedes Gebäude in der Lage sein, Regenwasser nicht nur aufzufangen, sondern es im gleichen Atemzug zu reinigen.

Trinkwasser brauchen wir hauptsächlich zum Trinken und Kochen. Der Rest des Wasserbedarfs lässt sich über gereinigtes Regenwasser decken. Das ökoligente Haus hat standardmäßig eine Regenwasser-Nutzungsanlage. Bedenkt man, dass in Deutschland jeder Bürger im Durchschnitt 125 Liter Trinkwasser am Tag verbraucht, wovon allein 40 Liter in der Toilette weggespült werden und ein weiterer, beträchtlicher Teil in die Gartenbewässerung fließt, erkennt man, welchen enormen Nutzen solche Anlagen haben. Nicht nur für die Haushaltskasse und

die Wasserwerke, sondern vor allem für die Grundwassersituation vieler Gebiete. Mit der Nutzung von Regenwasser würde der Verbrauch von wertvollem Trinkwasser aus Stauseen und Brunnen drastisch sinken.

Auf dem Weg zur Trinkwasser-Autarkie ist die Installation einer Regenwasser-Nutzungsanlage ein bedeutsamer Schritt. Die Kosten einer solchen Anlage belaufen sich für einen Vier-Personen-Haushalt auf etwa 4.000 €, inklusive Installation. Die Kosten der Speicheranlage machen meist 50 % der gesamten Anlagekosten aus. Das hört sich doch erschwinglich an. Dazu rechnen muss man allerdings (und leider immer noch) die Abwassergebühr, die manche Kommunen für die Überschüsse an Regenwasser erheben, die in die Kanalisation laufen. Versickerungsmulden und natürliche Rückhaltebecken können jedoch dafür sorgen, dass sich die Menge des eingeleiteten Regenwassers in überschaubaren Grenzen hält. In einem Solidarischen Dorf ließen sich mit dem Überlauf-Wasser künstliche Seen und Bewässerungskanäle speisen. Das böte zudem neue Möglichkeiten für das Dorf, beispielsweise die einer Algenzucht zur Gewinnung von Algen-Rohöl und anderen, essbaren Algenprodukten.

Eine Regenwasser-Nutzungsanlage braucht eine oder mehrere Zisternen, Filter, Leitungsnetz, bestenfalls mit Verwirbler, und ein Haus-Wasserwerk. Regenwasser wird aufgefangen und über einen Filter langsam in den Speicher geleitet, damit sich Schmutzstoffe am Speicherboden absetzen können. Je nachdem wie groß die Zisterne ausfällt, wird sie im Haus oder außerhalb aufgestellt. Gängige Tanks bestehen aus Kunststoff oder es bedarf robuster Betonzisternen, die im Außenbereich aufgestellt oder vergraben werden. Das im Speicher befindliche Wasser wird mittels Saugpumpe zu den individuellen Verbrauchsstellen im Haus oder Garten befördert. Beim Leitungsnetz ist zu überlegen, welche Anlagengröße man benötigt und ob man ein Verwirbelungs-System einbauen will, um die Qualität und Reinheit des Wassers zu steigern.

• Mit Umkehrosmose Wasser reinigen

Die Umkehrosmose ist ein technisches Verfahren, um Wasser zu reinigen und selbst aus stark verschmutztem Wasser hygienisch unbedenkliches Trinkwasser zu gewinnen. Bei allen Verfahren, mit denen aus Regen- oder Brauchwasser Trinkwasser aufbereitet wird, sollte eine solche Technik unbedingt integriert werden. Denn kein Filtersystem ist gründlicher als eine Umkehrosmose-Anlage.

Mit einer Porengröße von 0,0001 µm filtert die Osmosemembran selbst Hormone, medizinische Rückstände, Plastikpartikel, Uran, Nitrat, Nitrit etc. aus dem Leitungswasser. Wird das Wasser in einem weiteren Schritt mineralisiert und energetisiert, wird aus dem aufgefangenen Wasser eine sprudelnde Quelle besten Trinkwassers.

Die Kosten für eine solche Anlage betragen etwa 5.000 € bei einem täglichen Wasserverbrauch von bis zu 45.000 Liter. Diese Menge reicht aus, um fast 1.000 Einwohner zu versorgen (= 22 Euro Anschaffungskosten pro Familie).

Dies ist eine interessante Investition für das Solidarische Dorf, mit der die Trinkwasser-Versorgung auf unbegrenzte Zeit gesichert werden kann. Mit der Umkehrosmose lässt sich genauso das verbrauchte Wasser aus Haushalten neu zu Trinkwasser aufbereiten. Eine unabhängige Wasseraufbereitung aufzubauen, sollte auf jeden Fall ein vorrangiges Projekt der Kooperative sein. Eine andere Variante, verschmutztes Wasser wieder rein zu bekommen, ist die Pflanzenkläranlage.

• Pflanzenkläranlage

Machen wir es doch wie die Natur. Dort wird verschmutztes Wasser durch Pflanzen, Bakterien und Mikroben abgebaut, denen selbst giftige Schmutzstoffe als Nahrung dienen. Eine solche natürliche Reinigung eignet sich besonders für abgelegene Gebiete und kleine autarke Zellen. Dort kann das gereinigte und aufbereitete Brauchwasser für alle Zwecke eingesetzt werden. Mithilfe von effektiven Mikroorganismen und einen Auslaufbach, der das Wasser natürlich verwirbelt, lässt sich sogar Trinkwasser in Bergquell-Qualität daraus gewinnen.

Wenn sich ein paar begabte und routinierte Tüftler zusammentun, lässt sich eine solche Anlage selbst bauen. Das ist insbesondere interessant für Selbstversorger, die Brauch- und Regenwasser ökologisch aufbereiten wollen und Plätze besiedeln, die nicht ans öffentliche Klärwerk angeschlossen sind.

Und so ist sie aufgebaut, die natürliche Kläranlage für Brauchwasser: In einer sogenannten Mehrkammerabsetzgrube geschieht die Vorklärung, bei der Fest- und Schwebstoffe in einem Becken vom Abwasser getrennt und zurückgehalten werden. Da das zurückgehaltene Material als Sondermüll entsorgungspflichtig ist, sollte man Trockenfilterbecken verwenden. Das ist angeraten, wenn der Fäkalschlamm nicht entsorgt werden soll oder kann. Mit diesem Trockenverfahren kann der Schlamm von Zeit zu Zeit kompostiert und nach einer Weile als Humus in die Erde eingebracht werden. Eine solche Mehrkammergrube sollte etwa 6m³ messen.

Das vorgeklärte Abwasser durchströmt mittels eines mechanischen Schwallbeschickers oder einer Tauchpumpe einen etwa 20 qm großen, mit Schilf und/oder Binsen bepflanzten Bereich. Dies kann, je nach Lage, in horizontaler oder vertikaler Fließrichtung geschehen. Gemessen von der Oberkante der Mehrkammergrube bis zur Schilfzone ist ein Gefälle von 1,30 m notwendig. In der Pflanzen-Zone, die auf Kies und Sand wächst, wird das Wasser auf natürliche Weise von Wurzeln und Mikroorganismen gereinigt.

Schächte nach der Mehrkammergrube und nach der Pflanzen-Zone ermöglichen die Kontrolle der Anlage und der Wasserqualität. Am Ende des Beckens gibt es ein Auslaufrohr. Dort besteht die Möglichkeit, das Wasser mit einem Aufsatz auf das Rohr oder durch einen natürlich gestalteten Wasserlauf zu verwirbeln. Dieser Wasserlauf kann wiederum mit einer Pumpe in den Hauskreislauf zurückgeführt werden, um vorrangig WC, Waschmaschine und Dusche damit zu speisen.

• Manauwai Wasser

Der japanischer Wissenschaftler Prof. Shoi YAMASHITA von der Nagoya Universität hat sich gründlich Gedanken darüber gemacht, wie Süßwasser zu hochwertigem Trinkwasser umgewandelt werden kann, idealerweise zu einem, das sogar unserer körpereigenen Zellflüssigkeit entspricht. Da Regenwasser oft verunreinigt ist und von daher nicht als Trinkwasser genutzt werden kann, ist sein entwickeltes Verfahren eine intelligente Lösung, um sich durch aufgefangenes Regenwasser mit

Trinkwasser selbst versorgen zu können.

Yamashita untersuchte bei seinen langjährigen Forschungen die Bodenbeschaffenheit verschiedener Quellen und baute in Röhren deren Bodenprofile nach. Sickert das Wasser durch diese bis zu 15 Meter langen Röhren, vollzieht sich eine chemische und physikalische Reinigung. Durch Auswahl und Anordnung natürlicher Mineralien in einer fünfstufigen Filtereinheit (Keramikfilter, Kalkfilter, MAUNAWAI Wasserfilter-System) entsteht Trinkwasser, das der Qualität bester Quellen entspricht. Durch die Verwirbelung, die stattfindet, wenn das Wasser um die in der Filtereinheit befindlichen Steinchen und Mineralien fließt, erhält es seine ursprüngliche Clusterform wieder zurück und ist frei von sämtlichen Fremdinformationen, beispielsweise von Medikamentenrückständen. Diesen Vorgang bezeichnet man als Magnetisieren oder Levitieren. Prof. Shoi YAMASHITA gab diesem lebendigem Wasser (PI Wasser), den Namen Maunawai-Wasser. Den gleichen Effekt hatte bereits Viktor Schauberger nachgewiesen, und Ottmar Grober wendet ihn heutzutage bei seinen Fluss-Renaturierungen erfolgreich an.

Manauwai Wasser: https://www.maunawai.com

- **Feuchtigkeit ernten aus Nebel und Luft**

Niemand muss verdursten. Auch nicht in Wüsten. Selbst wenn der Regen ausbleibt oder man sich in regenarmen Gebieten niederlässt, ist die Luft mit verdunstetem Wasser angereichert. Aufgrund großer Mengen an Verdunstung über den Ozeanen und den ständigen Windströmungen der Erde ist Wasser überall zugegen. Wir sind umgeben von einem Ozean aus Sauerstoff und Wasser.

Mit einfachen physikalischen Methoden lässt sich Wasser aus der Luft ernten. Kostengünstige Technologien fangen Nebel und Luftfeuchtigkeit ein und sammeln und filtern sie zu Trinkwasser. Insbesondere für Trockenregionen eröffnen sich hierdurch ungeahnte Möglichkeiten zur Schaffung einer Oase und im weiteren zum Aufbau einer florierenden Infrastruktur mit Trinkwasser und regenerativen Energiequellen.

Nebelnetze und Nebeltürme lassen sich selbstverständlich auch hierzulande anwenden. Das kommt vor allem dann in Betracht, wenn man

abseitig als Selbstversorger wohnt oder Plantagen unabhängig von der Wasserversorgung der Kommune bewässern will.

• Nebelnetz und Luftbrunnen

Für die Wassergewinnung aus der Luft gibt es unterschiedliche Namen, je nach Ort, wo sie eingesetzt werden: Atrapanieblas, Cloudfisher, Fog Harvesting, Nebelfänger. Pflanzen und Wüstentiere praktizieren das simple Prinzip seit Jahrtausenden. Sie machen sich das physikalische Gesetz der Kondensation zunutze, um Wasser aus der Luft zu ernten. Die kanarische Insel La Gomera beispielsweise gewinnt 70 Prozent des Wassers durch die Nebelkondensation der Baumheide- und Lorbeerwälder. Ohne diese darauf spezialisierten Pflanzen wäre die Insel weitgehend unbewachsen.

Was mich bei der Recherche immer wieder beeindruckt hat, ist die Menge an Wasser, die auf diese Weise auf jeden Quadratmeter Netz geerntet werden kann, und wie viel Verdunstungswasser, gerade In küstennahen Gebieten, in der Luft vorhanden ist. Die Entwicklung effizienter und naturfreundlicher Verfahren zur Nebel- und Luftfeuchtigkeitsernte hat eben erst begonnen. Das ist imgrunde hinsichtlich sich ausbreitender Wüsten- und Trockengebiete sehr verwunderlich, zumal der Bau einer solchen Anlage im Vergleich zu anderen Methoden der Trinkwasserbereitstellung wenig Aufwand und geringe Kosten verursacht. Die Möglichkeiten, die sich daraus ergeben, nicht nur in heißen Regionen, sind geradezu traumhaft. Geht damit die systematische Bepflanzung einher, kann binnen weniger Jahre den Effekt der Kondensation vom Bewuchs übernommen werden, und die Nebelnetze können andernorts errichtet werden.

Anregungen für den Bau von Nebelnetzen

Nebelfänger selber bauen
http://www.gratis-energie.com/wasser-energie/nebelfaenger.html
FogQuest: Sustainable Water Solutions www.fogquest.org
Atrapanieblas (Nebelnetze)
http://doku.b.tu-harburg.de/volltexte/2010/964/pdf/Atrapanieblas_Moritz_Scharnk
Fog-Harvesting | Dar Si Hmad www.darsihmad.org/fog-harvesting
Wasser-Stiftung "Cloudfisher" http://www.initiative-wissen.de/wp-content/uploads/2015/11/WasserStiftung_CloudFisher.pdf

Filme zu Nebelfängern

Trinkwasser aus Nebel: Der Nebelkollektor CloudFisher
https://youtu.be/XqoM1J-WT2Y
WaterSeer Kurzdoku https://vimeo.com/182748120

• Wasserturm, Warka

Dieser Turm ist eine weitere Version des Prinzips, Luftfeuchtigkeit durch Kondensation zu ernten. Der etwa neun Meter hohe und lediglich sechzig Kilogramm schwere Turm wurde von Arturo Vittori und Andreas Vogler entwickelt. Genauso wie bei den Nebelnetzen in Chile (atrapanieblas) kommen auch dort feinmaschige Netze zum Einsatz. In einer Konstruktion aus Bambus, Binsen (oder ähnlichen, vor Ort vorhandenen Materialien) werden sie aufgespannt. An deren engen Maschen kondensiert die Luftfeuchtigkeit.

Das Bauwerk können sechs Personen innerhalb von drei Tagen ohne Kran errichten. Mit solchen Wassertürmen werden in Trockengebieten bis zu 100 Liter Süßwasser täglich gewonnen. Die Kosten liegen derzeit bei etwa 500 Euro und sind von daher mit Spendengeldern für jedes Dorf erschwinglich.

Der Warka-Turm lässt sich natürlich auch hierzulande für eine unabhängige Trinkwasser-Versorgung einsetzen. Mühelos kann er auf Höfen,

Gärten oder auf Plätzen aufgestellt werden, um Trinkwasser zur Verfügung zu stellen. Damit kann man Tiere tränken, Gärten bewässern oder einen öffentlichen Trinkwasser-Brunnen installieren. Aufgrund der Luftverschmutzungen sollte das aufgefangene Wasser durch eine Umkehrosmoseanlage und durch ein Verwirbelungsrohr laufen, um beste Qualität zu erhalten.

Informationen zum Warka-Turm

Warka-Turm www.architectureandvision.com
Warka-Turm - Wasser fürs Leben
http://www.laborpraxis.vogel.de/forschung-und-entwicklung/analytik/articles/443729
Warka Water/ Architecture and Vision - Arturo Vittori
http://www.archidatum.com/projects/warka-water-architecture-and-vision-arturo-vittori
„Nebelturm" Alberto Fernández für die Atacama-Wüste
http://www.albertofernandez.cl

• Nebelturm

Einen „Nebelturm" entwickelte der chilenische Architekt Alberto Fernández für die Atacama-Wüste (http://www.albertofernandez.cl). Das Leichtbaugebilde ist etwa 200 Meter hoch und erntet täglich bis zu 200.000 Liter Trinkwasser. Geht man von einem durchschnittlichen Tagesbedarf von etwa 50 Litern pro Person aus, würde ein „Nebelturm" den Aufbau einer grünen Oase ermöglichen, in der mindestens 1500 Menschen mit Trinkwasser versorgt und ausreichend Anbaugebiete bewässert werden können. Felder und Obstplantagen können gedeihen und Gewächshäuser ließen sich betreiben. Auch hier ist selbstverständlich an eine gründliche Reinigung des Wassers zu denken. Mit einer „Ultrafiltration" (Dreifilter-System), deren kleinste Filtereinheit Poren von 20 Nanometern aufweist, lassen sich sowohl Verunreinigungen als auch alle Bakterien und Viren herausfiltern. Ob dieser Turm tatsächlich errichtet wurde, lässt sich nicht recherchieren. Wahrscheinlich fehlt es an den nötigen Geldern. Wesentlich ist jedoch das Konzept an sich, das anschaulich macht, welche Möglichkeiten vorhanden sind, um Trockengebiete aufzuforsten und urbach zu machen. Außerdem würde dies die Bildung eines feuchteren Mikroklimas zur Folge haben.

Kleinere Türme lassen sich in dicht besiedelten Gebieten harmonisch in die Umgebung einpassen. Ein solcher Turm von vielleicht zehn Metern Höhe ist eine architektonische Attraktion für jeden Ort. Sicherlich ließe er sich sogar begrünen und mit Technologien zur Energiegewinnung erweitern, ohne seine Ergiebigkeit zu schmälern. Nebenbei sorgt er jeden Tag für mehr als 50.000 Liter Wasser. Fast unvorstellbar. Ein Dorf mit 400 Einwohner hätte kostenfreies Trinkwasser und könnte sich die Kosten von Bau, Pflege und Wartung des Wunderbauwerks teilen. Wenn man gleichzeitig die Nutzung des Regenwassers in Angriff nimmt, würde sich die Zahl der Einwohner, die sich auf diese ökoligente Weise mit Trinkwasser selbst versorgen, mindestens verdoppeln und es wäre noch genügend Wasser für die Bewässerung der umliegenden, landwirtschaftlichen Anbauflächen vorhanden.

Unerschöpfliche Mengen Süßwasser werden durch Verdunstung von Meereswasser unsichtbar durch die Luft getragen. Solche Nebelfänger-Systeme eignen sich besonders für küstennahe Wüstengebiete[18].

18) Mit Entwicklungsgeldern lassen sich (in Nordafrika) Dörfer aufbauen, die der Bevölkerung neue Lebensperspektiven geben. Ursachen, die viele zur Flucht zwingen, werden beseitigt und nachhaltige Grundlagen geschaffen, ein lebenswertes Dasein führen zu können. Verbindet man solche Nebeltürme mit vertikalen Windturbinen und Photovoltaik-Systemen, ist ausreichend Strom für den Aufbau von Manufakturen und Kleinbetriebe vorhanden.

2.4 ENERGIE

• Jedes Gebäude ist ein Energie-Kraftwerk

Schon vor Jahren beschlossen die ersten Kommunen, sich mittels der Gründung einer Genossenschaft zu sogenannten Bioenergiedörfern zu wandeln. Der Geist des Solidarischen Dorfes war bereits damals aus dem Widerstand gegen die Atomenergie zum Leben erwacht. Den Bürgern wurde klar: Wenn sie nicht selbst handeln und sich für regenerative Energien starkmachen, wird sich an der konservativen Energiepolitik nichts ändern. Heutzutage sind die Orte, die sich energieunabhängig gemacht haben, nicht mehr zu zählen. In so ziemlich allen Fällen sind die Bürger sehr zufrieden mit dieser Lösung. Der Wandlungsprozess hat sie auch als Nachbarn mehr zusammengebracht. Man hat etwas miteinander zu tun, ein gemeinsames, kollektives Ziel, von dem die meisten profitieren und für das man sich deshalb miteinander leidenschaftlich einsetzt. Das ist ein anschauliches Beispiel dafür, was geschieht, wenn eine Gruppe von Menschen beschließt, nachhaltige Technologien und Projekte in ihrer Ortschaft umzusetzen. Inzwischen kommt auch ein finanzieller Anreiz hinzu. Viele Kommunen sind verarmt und sie drohen „auszusterben". Erst schließen die kleinen Einzelhandelsgeschäfte, dann die Dienstleister und Versorger und schließlich wandern die Bürger selbst ab.

Ökologische Attraktivität ist ein Faktor, der diesen Prozess umkehren kann, denn solche Kriterien spielen für immer mehr stadt- und karriere-

geplagte Menschen, aber auch junge Familien eine bedeutende Rolle.

Bei der Energiewende haben Kommunen eine Schlüsselfunktion. Mit beherztem Einsatz lassen sich Dörfer, Kleinstädte und städtische Randzonen zu Energiekraftwerken umbauen. Du glaubst gar nicht, wie viele Verfahren es gibt, das zu bewerkstelligen. Mit einem breiten Mix an Methoden zur Nutzung regenerativer und nachhaltiger Energiequellen sind Orte imstande, beträchtliche Überschüsse ins Stromnetz einzuspeisen. Nicht nur die Aussicht auf Kosteneinsparungen lockt Kommunalpolitiker, sie können für ihre Kommune sogar neue Einnahmequellen erschließen. Die Umstellung auf eine unabhängige Stromversorgung ist damit ein zentraler Aspekt bei der Stärkung einer unabhängigen, kommunalen Infrastruktur. Der Hebel ist hierbei der Eintritt in die Entwicklung eines Solidarischen Dorfes. Im Zentrum steht die Genossenschaft, die sich nach Umsetzung der regionalen Energiewende anderen Projekten widmen kann. Dringend ist eine ökologische Landwirtschaftsform, die ich gern mit dem Begriff „Landhege" beschreibe. Er drückt aus, worum es geht, was die wesentliche Absicht und Ausrichtung sein muss, um einen Kollaps abzuwenden. Nicht nur, dass Böden veröden, sondern weil Kleinbauern ums Überleben ringen und von agrarindustriellen Produzenten und Spekulanten verschluckt werden.

Nach diesem Exkurs nun zurück zur regionalen Energiewende. Dieses Handbuch führt dem Leser grüne Technologien zu Gemüte, welche den meisten noch unbekannt, jedoch vorzugsweise geeignet sind, Energieüberschüsse in Gebäuden zu erzielen: das Haus als Energie-Kraftwerk. Auf die Einzelheiten der populären Systeme regenerativer Stromgewinnung einzugehen, wäre an dieser Stelle zu umfangreich. Wer sich die populären Systeme von Photovoltaik und Windenergie näher betrachten will, findet reichlich Informationen im Netz. Ich beschränke mich also auf die wichtigsten Innovationen.

Ein Favorit im Energiemix ist die vertikale Windturbine. Weil sie auch thermische Aufwinde zu nutzen weiß, ist sie effizienter als die üblichen Windkraftanlagen mit drei Flügeln. Mit ihrer flexiblen Größe passt sie sich den örtlichen Gegebenheiten an und kann daher selbst auf Hausdächer montieret werden. An windreichen und thermisch aktiven Stellen innerhalb des Ortes lassen sich schlanke Säulen aufstellen, die Ampeln, Busstationen und Straßenbeleuchtung versorgen.

Die Sonnenenergie ist und bleibt die Hauptquelle der Stromgewinnung. Die Entwicklung photovoltaischer Materialien und leistungsstarker Speichersysteme ist rasant. Derweil gibt es Solardachziegel, Sonnenstrom produzierende Fensterscheiben und Photovoltaik als Folie, die in Holland bereits erfolgreich als Belag für Fahrradwege eingesetzt wird.

Relativ unbekannt ist eine andere Variante, Sonnenstrahlen in Strom umzuwandeln: die 1992 patentierte Grätzel-Zelle bzw. Farbstoffsolarzelle, mit der sich Künstliche Photosynthese betrieben lässt. Eine entschlossene Entwicklungsförderung käme einer Energie-Revolution gleich, denn Strom stünde überall und unbegrenzt zur Verfügung. Solche Technologien werden von der Lobby gerne unterdrückt. Aber es gibt sie. Die Künstliche Photosynthese ist eine davon.

Eine Biogasanlage zur Stromgewinnung macht für die Versorgung einer ganzen Kommune nicht wirklich Sinn, bedenkt man, wie viele Monokulturen von Mais und Raps angebaut werden, um sie zu füttern. Sie eignet sich allenfalls für einzelne landwirtschaftliche Betriebe, denen ausreichend natürliche Biomasse zur Verfügung steht. Besser für eine Verstromung von organischem Material im großen Stil ist eine Pyrolyse-Anlage, deren Bau und Nutzung sich rechnet, wenn sich ein paar Kommunen zusammentun. In einer solchen Anlage lassen sich Hausmüll, Gülle und Grünschnitt, ja sogar Kunststoffe, zu Biowasserstoff vergasen. Dieser wiederum ist Treibstoff für Brennstoffzellen. Diese passen als Kleinkraftwerke in jeden Keller. In absehbarer Zeit wird es Wasserstoff-betriebene Auto-Motoren geben. Die Entwicklung läuft seit dem Diesel-Skandal auf Hochtouren.

Jede Kommune hat durch ihre Beschaffenheit ein eigenes Profil. Aus diesem ergeben sich spezifische Möglichkeiten, Gelegenheiten und Perspektiven der Stromgewinnung. Auf den kommenden Seiten erfährst du, welche Mittel und Lösungen vorhanden sind, die Vision vom „Kraftwerk Dorf“ zu verwirklichen.

Die fast unbegrenzte Verfügbarkeit von Strom, und das zu einem weitaus geringerem Preis als derzeit und die vielen technischen Möglichkeiten der Stromgewinnung öffnen das Tor für kaum vorstellbare, geradezu verwegene Projekte und schöpferische Prozesse. Viele Ideen, deren Durchführung bisher an ihrem hohen Energieaufwand scheiter-

ten, können nun verwirklicht werden. Allen voran sind hierbei Meerwasser-Entsalzungsanlagen, beheizbare Dome-Gewächshäuser in den gemäßigten und subpolaren Breiten und die Produktion von industriellem Wasserstoff zu nennen, aber auch die Herstellung von Karbonfasern.

• Energie-Genossenschaft

Eine Genossenschaft[19] ist der gleichrangige Zusammenschluss von Individuen für einen gemeinsamen und allgemeinen Zweck.

Informiert euch im Netz über bereits existierende Energiegenossenschaften. Adressen findet ihr unten im Schaukasten. Sie verdeutlichen, dass die Vision von der unabhängigen Stromversorgung keine Utopie ist, sondern gelebte Realität in einer wachsenden Zahl von Kommunen.

Gründungsbroschüre Energiegenossenschaften
http://www.energieagentur.rlp.de/fileadmin/user_upload/broschueren/Gruendungs-broschuere_Energiegenossenschaften.pdf
Wege zum Bioenergiedorf - Bundesministerium für Ernährung und Landwirtschaft (BMEL) http://www.wege-zum-bioenergiedorf.de/bioenergiedoerfer
Agentur für Erneuerbare Energien - Kommunalatlas „Energie-Kommune“
http://www.kommunal-erneuerbar.de/de/energie-kommunen/kommunalatlas.html
Bürger-Kraftwerke – Energie in Bürgerhand http://www.buerger-kraftwerke.de

---

Die Energiegenossenschaft ist häufig der Einstieg in weitere Projekte des Gemeinwohls. Das Solidarische Dorf konzentriert sich – neben der Landwirtschaft – vorrangig auf intelligente Lösungen regionaler Stromgewinnung durch natürliche, sich selbst erneuernde Energiequellen. Für die exakte Umsetzung gibt es ausreichend Fachliteratur. Unterstützung kommt vom Bundesministerium für Ernährung und Landwirtschaft, aber

19) *Genossenschaft, Dt. Etymologisches Wörterbuch Gerhard Köbler: mhd. genozschaft „Verbindung, Gesellschaft, Gemeinschaft“, ahd. ginì zskaf (765), ginì zscaft „Vereinigung, Gemeinschaft, Verbindung, Gesellschaft, Kameradschaft“.*

auch private Initiativen machen sich stark für diesen Weg einer echten Energiewende.

- **Energiequellen**

Kommen wir nun zu einem Überblick der ökoligenten Energiequellen. Der Weg über allgemeine Suchmaschinen funktioniert nicht. Die dort aufgelisteten Seiten beschränken sich auf die etablierten Formen regenerativer Stromgewinnung. Eine Übersicht über die gesamte Bandbreite der Energiegewinnung gibt es nicht. Das bringt die Diskussionen zur Energiewende in Schieflage und führt auf politischer Ebene zu groben Fehlentscheidungen, wie beispielsweise der einer bundesweiten angeblich notwendigen Stromtrasse. Dezentrale Energiegewinnung wäre die folgerichtige Entscheidung. Aber wie soll die gefällt werden können, wenn die Verantwortlichen die mögliche Vielfalt eines Energiemixes gar nicht kennen?

Die folgenden Seiten wollen helfen, gut vorbereitet in Gespräche über eine alternative Stromversorgung zu gehen. Im Grunde müsste es jedem Kommunalpolitiker anfängliche Scheu und Bedenken nehmen, wenn er Einblick bekommt, wie viel Strom sich in seiner Kommune ernten lässt. Es gibt immer mehr solcher Kommunen. 2012 gab es bereits über 200 energieautarke Kommunen. Energieautarkie bedeutet in der weiteren Entwicklung die Erzeugung von Überschüssen. Die Energiewende, weg von fossilen und atomaren Brennstoffen, ist bedeutend simpler, als von Politikern und der Lobby dargestellt wird. Informationen über Technologien, die für monopolistische Industriegiganten nicht genug Profit bringen, werden unterdrückt, bekämpft und totgeschwiegen. Kommunen und Regionen, die sich mit Energie und Nahrungsmitteln selbst versorgen können, waren Monopolen seit jeher ein Dorn im Auge. Denn ihre wirtschaftliche Lebensgrundlage ist die Abhängigkeit anderer.

Es geht nicht darum, die eine ultimative Energiequelle zu finden. Das Universum ist zwar übervoll von „Freier Raum-Energie", aber bislang ist es noch nicht gelungen, diese Energie nutzbar zu machen. Seit vielen Jahren versuchen sich Tüftler daran, Nikola Tesla zum Beispiel, dessen zahlreiche Erfindungen und Entdeckungen bis heute viel zu wenig Beachtung finden.

• Die Sonne

Das Netz quillt über vor Informationen zur Solarenergie oder Photovoltaik. Deshalb sei an dieser Stelle ein Exkurs zum Thema ausgespart und lediglich eine Linkliste aufgeführt:

Grundsätzliches zur Sonnenenergie (Photovoltaik)

Solar-Server - Das Internetportal zur Sonnenenergie, Photovoltaik, Solarthermie, solar Bauen http://www.solarserver.de
EUROSOLAR http://www.eurosolar.de
Photovoltaik-Magazin – Solartechnik für Installateure, Planer und Architekten http://www.photovoltaik.eu
Sonnenhaus – Institut zur technischen Weiterentwicklung und Verbreitung von solar beheizten Gebäuden http://www.sonnenhaus-institut.de
Solarenergie-Sonnenergie – Infoportal rund um Photovoltaik http://www.solarenergie-sonnenenergie.com
Solarenergie Infos http://www.solarenergie-infos.de
Solarthermie – Umfangreiches Infoportal zur Solarenergie, Hinweise zu Förderung und Herstellern.
http://www.solarthermie.net/wissen/parabolrinnen-kollektor-parabolrinnenkraftwerke
Neue Solarzellen fangen Licht wie ein Wald ein
Eine spanische Forscherin hat Solarzellen entwickelt, die um ein Vielfaches mehr Licht umwandeln können als herkömmliche Modelle. Die Inspiration für die neue Technologie fand sie - im Wald.
http://www.welt.de/wissenschaft/umwelt/article146417642/Neue-Solarzellen-fangen-Licht-wie-ein-Wald-ein.html

---

• Künstliche Photosynthese

Was vor wenigen Jahren noch eine verwegene Vision war, könnte bald zu einer erstaunlichen Wirklichkeit werden. Es häufen sich erfolgreiche Versuche, Photosynthese künstlich auszulösen. Der Chemiker Michael Grätzel entwickelte vor einigen Jahren eine elektrochemischen Farbstoff-Solarzelle (Grätzel-Zelle), mit der es gelang, Lichtenergie in elektrische Energie umzuwandeln. Für diese innovative Technologie erhielt er den Millennium-Preis, den „Nobelpreis für Ingenieure".

Die Grätzelzellen erzeugen in einem komplexen Prozess aus organischen Farbstoffen Strom und können aufgrund ihrer geringen Schichtdicke auf unterschiedliche Materialien aufgebracht werden, also auch auf flexible Folien. Diffuses Licht können sie besser nutzen, als herkömmliche Solarzellen. Zudem lassen sich Grätzelzellen einfach herstellen und benötigen nur wenige Rohstoffe, wodurch sie um einiges preiswerter als Siliziumzellen sind.

Mit der Perowskit-Solarzelle20 ist in den letzten Jahren ein Durchbruch gelungen. Allerdings möchte man auf die bisherige Verwendung von Blei verzichten und verträglichere Materialien einsetzen. Die Forschung, an der auch Michael Grätzel mitwirkt, arbeitet derzeit an der Steigerung von Effizienz und Lebensdauer.

Wie bei vielen anderen „ökoligenten Technologien" lässt die Förderungsbereitschaft der Politik zu wünschen übrig. Es bedarf dringend einer von der Wirtschaftslobby unabhängigen Institution, eines Laboratoriums für grüne Technologien und Verfahren.

Auf der nächsten Seite findest du eine Übersicht, was bezüglich der künstlichen Photosynthese entwickelt und verwirklicht wurde:

Informationen zur künstlichen Photosynthese & Grätzel-Zelle

Künstliche Photosynthese – Strom für ein Haus aus 9 Liter Wasser http://www.sein.de/gesellschaft/nachhaltigkeit/2010/kuenstliche-photosynthese-strom-fuer-ein-haus-aus-9-liter-wasser.html
Künstliches Solarzellen-Blatt http://info.kopp/-verlag.de/neue-weltbilder/neue-wissenschaften/jonathan-benson/mit-wissenschaftler-entwickelt-kuenstliches-solar-zellen-blatt-das-mit-vier-litern-wasser-ein-haus-e.html
Künstliches Blatt erzeugt Strom http://www.nationalgeographic.de/aktuelles/kuenstliches-blatt-erzeugt-strom
photokatalytische Wasserspaltung http://www.internetchemie.info/news/2010/aug10/kuenstliche-photosynthese.html
Wasserstoff Herstellung per Photosynthese http://www.gute-nachrichten.com.de/2013/06/wissen/wasserstoffherstellung-per-fotosynthese

---

20) Perowskit ($CaTiO_3$ – Calciumtitanat) ist ein häufig vorkommendes Mineral aus der chemischen Klasse der „Oxide und Hydroxide". Die kubische Kristallstruktur des Minerals eignet sich für technische Verbindungen.

Künstliche Photosynthese – Energie nach Art des Baumes
http://www.swr.de/naturwunder/thema-3-kuenstliche-photosynthese-energie-nach-art-des-baumes/-/id=1223312/did=6669888/nid=1223312/phmojn/index.html
Künstliche Photosynthese - Neuer Katalysator zur Wasserspaltung
http://www.pflanzenforschung.de/de/journal/journalbeitrage/kuenstliche-photosynthese-neuer-katalysator-zur-wassers-10375
Künstliche Photosynthese - Energieträger aus Sonnenlicht, Wasser und Kohlendioxid
http://www.deutschlandfunk.de/kuenstliche-photosynthese.676.de.html?dram:article_id=27159
Neue alternative Energie - Künstliche Photosynthese
http://www.n-tv.de/wissen/Kuenstliche-Photosynthese-article68889.html
Künstliche Photosynthese gelungen
http://www.analytik-news.de/Presse/2014/607.html
Technologiepreis für Farbstoff-Solarzellen
http://www.cleanthinking.de/farbstoffsolarzellen-dsc-technologie-graetzel/5758
Bauanleitung http://www.weirdscience-club.de/public/Die%20Graetzelzelle.pdf
Niederländische Firma gewinnt saubere Energie aus lebenden Pflanzen
http://www.gute-nachrichten.com.de/2015/07/technik/niederlaendische-firma-gewinnt-saubere-energie-aus-lebenden-pflanzen
Forscher entwickeln erste serientaugliche Solarzelle aus Perowskit
http://www.ingenieur.de/Themen/Photovoltaik/Forscher-entwickeln-serientaugliche-Solarzelle-Perowskit
Perowskit statt Silizium: Neuer Solarzellen-Typ reift rasant heran
http://www.wissenschaft-aktuell.de/artikel/Perowskit_statt_Silizium__Neuer_Solarzellen_Typ_reift_rasant_heran1771015589605.html
Solarzellen aus Perowskit
http://www.spektrum.de/news/fotovoltaik-solarzellen-aus-perowskit/1218435

• Solardachziegel

Dachziegel, die Photovoltaik betreiben, sind noch immer ein Luxusgut. Sie seien dennoch hier mit aufgeführt, weil sie Potenzial zur Weiterentwicklung haben. Bisher sind sie meist aufwendig in der Montage und in ihrer Leistung eher bescheiden. In Verbindung mit Grätzelzellen könnte sich das jedoch ändern. Als Ergänzung im Energie-Mix kommen Solarziegeln durchaus in Betracht, insbesondere bei Gebäuden mit großen Dachflächen. Mit einer Dorf-Kooperative lässt sich mit verschiedenen Technologien und Verfahren experimentieren, falls entsprechende Fachleute zu den Mitgliedern zählen. Solche Forschungen können bahnbrechende Ergebnisse erzielen und ökologische Produkte hervorbringen, die zu Exportschlagern werden.

Photovoltaik- oder Solardachziegel

Hersteller von Photovoltaik-Dachziegeln http://www.archiexpo.de/architektur-design-hersteller/photovoltaik-dachziegel-1665.html
Solar-Dachziegel http://www.photovoltaik-web.de/module/sondermodule/solar-dachziegel-modulziegel.html
Panotron AG – Solar-Ziegelfarben http://www.panotron.com
Photovoltaik – CREATON AG
http://www.creaton.de/de/produkte/dachzubehoer/photovoltaik

• Solarfolie

Erfolgsversprechender als Solarziegel ist die Entwicklung von Folien aus organischen Halbleitermaterialien, die Photovoltaik betreiben (PV-Folien). Der Einsatzbereich solcher dünnschichtiger Folien ist vielseitig und eine Intensivierung der Anwendung wird überraschende Ergebnisse hervorbringen. Wurde die Organische Photovoltaik, die bei den Solarfolien angewendet wird, bis vor wenigen Jahren noch belächelt, haben Wissenschaftler und Hersteller für ein Umdenken gesorgt. Jetzt läuft die Forschung und Entwicklung auf Hochtouren. In Zukunft werden Solarzellen biegsam und flexibel sein. Besonders interessant sind bei dieser Technologie die Einsparungen bei Gewicht und Materialkosten, weshalb in den nächsten Jahren mit einem Durchbruch zu rechnen ist. Dazu könnt ihr beitragen, indem ihr solche Folien für die Infrastruktur der Kommune einplant und Pilotprojekte startet.

Die Photovoltaik-Zellen aus organischen Halbleitermaterialien lassen sich dadurch an Orten einsetzen, die bisher nicht denkbar waren. In den Niederlanden werden damit erste Fahrradwege beschichtet. Handys, Autodächer, Häuserfassaden und sogar Fensterscheiben werden in Zukunft fähig sein, Sonnenlicht in Strom zu verwandeln. Natürlich haben PV-Folien einen unschätzbaren Wert für Bauwagen- und Zeltbewohner, Wohnmobil-Fahrer, Reisende und Outdoor Fans. Es lohnt sich, die Entwicklung zu beobachten.

Solarfolie

Organische Photovoltaik: Solarstrom aus hauchdünnen Farb- und Kunststoff-Folien
Ausführlicher Bericht über Solarfolien
http://www.solarserver.de/solarmagazin/solar-report_0807.html
Solarfolien: Einsatzbereiche und Hersteller von PV-Folien
http://www.photovoltaik-web.de/module/sondermodule/solarfolien-pv-folien.html
Heliatek – The future is light - Hersteller http://www.heliatek.com/de
Solaroad – Fahrradwege auf Solarfolien http://en.solaroad.nl

Film zur Solarfolie

Photovoltaik-Folie ermöglicht flexible Solarkollektoren
https://www.youtube.com/watch?v=VsSSzdtx_GQ

• Parabolrinnen

Parabolrinnen bündeln das Sonnenlicht und wandeln es in Wärme oder Strom um. Ähnlich wie bei der herkömmlichen Dampfkraft braucht es hier allerdings nur Sonnenenergie, um Turbinen anzutreiben. Dafür sind große, freie Flächen notwendig. Als Lösung für den individuellen Hausgebrauch kommen sie deshalb weniger in Betracht.

Parabolrinnen-Anlagen ergeben Sinn für größere Gebäude, Schwimmbäder, Turnhallen und Fabriken. Hauptsächlich wird die Technologie für Kraftwerke zur Versorgung von Produktionsstätten genutzt, die viel Energie verbrauchen, in der Metall- und Glasindustrie zum Beispiel. Die Dächer der Werkshallen sind prädestiniert für Parabolrinnen-Kraftwerke. Bislang zählen sie zu den kostengünstigsten, leistungsfähigsten und effizientesten Technologien, Solarstrom herzustellen.

Fabriken sollten grundsätzlich Verantwortung für ihre Stromversorgung übernehmen und Betriebsstätten entwickeln, die energieautark sind. Selbst einen beträchtlichen Anteil des Wasserbedarfs könnten sie mit entsprechender, grüner Technologie selbst generieren (Kapitel 2.3 TRINKWASSER). Wenn also größere Betriebe in der Kommune angesiedelt sind, ist es sinnvoll, sie in die regionale Energiewende einzubeziehen.

Solarmillenium - Hersteller

Solarmillenium - Hersteller http://www.solarmillennium.de/deutsch/archiv/technologie/parabolrinnen-kraftwerke/index.html
Solarthermie – Umfangreiches Infoportal zur Solarenergie, Hinweise zu Förderung und Herstellern.
http://www.solarthermie.net/wissen/parabolrinnen-kollektor-parabolrinnenkraftwerke

• Solarkugel

Eine grundsätzliche Herausforderung in der Solartechnik ist die präzise Ausrichtung des Brennkerns. Als Form bietet sich deshalb die Kugel an, Sonnenlicht einzufangen. Das Startup-Unternehmen Rawlemon hat konsequenterweise eine Glaskugel entwickelt, die Sonnen- und Mondlicht gebündelt auf eine Solarzelle lenkt und so Strom erzeugt. Dem Gründer, der Architekt André Brößel, ist es gelungen, dieses Verfahren zur Bündelung der Sonnenenergie, bei geringerem Aufwand an Material zu optimieren.

Solarkugel - Rawlemon http://rawlemon.com
Glaskugel erzeugt Solarstrom http://green.wiwo.de/sonnenenergie-architekt-will-solaranlagen-zu-designobjekten-machen
Die Solar-Kugel http://www.love-green.de/themen/energie/eine-glaskugel-sorgt-fuer-mehr-energie-id16583.html

• Der Wind

Wind ist eine Elementarkraft, die wohl niemals versiegen wird, solange sich die Erde dreht und von der Sonne beschienen wird. Seine Stärke und Beständigkeit zieht er einzig aus dem Wechselspiel von heiß und kalt. Er ist eine thermische Turbine, mit der Zugvögel Tausende Kilometer zu reisen imstande sind. Wasser erwärmt sich langsamer als Landmasse, hält die Wärme aber wiederum länger gespeichert. Der Austausch der folglich unterschiedlich temperierten Luftmassen sorgt für einen beständigen Wind am Meer. In Zeiten des Klimawandels erleben wir, dass die Stärke von Winden zunimmt. Für die Stromerzeugung durch Windkraft ist das natürlich erfreulich, verlangt aber, dass in der Konstruktionsweise der modernen Windmühlen noch einige Änderungen vorgenommen werden müssen. Das dreirotorige Windrad war ein Anfang. Mittlerweile werden ganze Landstriche damit zugekleistert. Das sieht nicht besonders schön aus und belastet die Mitwelt.

Alles ist Wandel und deshalb will ich mich in diesem Abschnitt auf die Wind-Technologien beschränken, die Wege in eine neue Richtung beschreiben. Hier, wie im gesamten Energiesektor, ist das Ziel, Häuser und Gebäude zu entwerfen, die mit einem Technologie-Mix mehr Energie erzeugen, als sie verbrauchen. Anfänge sind gemacht und die Anzahl sogenannter Energie-Plus-Häuser nimmt zu. In einigen Jahren werden solche Gebäude Standard sein, und die Verschandelung durch Kohleabbau, Großkraftwerke und Überlandtrassen von Stromleitungen, aber auch von Windrad-Wäldern, gehört dann der Vergangenheit an.

Wind ist nicht bloß bewegte Luft. Er ist ein Transportmittel der Natur für Sporen und Samen, Nährstoffe, Feuchtigkeit und Insekten. Der Amazonas-Regenwald lebt vom nährstoffreichen Sand der Sahara. Ein Kreislauf an Luftströmungen und Winden umgibt den Planeten. Durch die Rotation der Erde verteilt sich die Asche von Vulkanen in der Atmosphäre und wird tausende Kilometer entfernt durch Regen wieder auf die Erde gebracht.

Die Kraft des Windes zu nutzen, heißt, sowohl Strom als auch Trinkwasser gewinnen zu können. Pflanzen und tierische Wüstenbewohner haben raffinierte Techniken entwickelt, die Feuchtigkeit in der Luft mittels Kondensation als Trinkwasserquelle zu nutzen. In trockenen, regenarmen Gebieten ist das überlebenswichtig. Wo aufwendig Brunnen gebohrt werden müssen, um tiefliegendes Grundwasser anzuzapfen, ließen sich einfache, weit günstigere und nachhaltigere Verfahren anwenden. Dazu mehr im Kapitel 2.3 TRINKWASSER.

• Vertikale Windturbinen

Diese Technologie ist bei weitem noch nicht ausgereift, aber die Forschung hat in den letzten Jahren sehenswerte Ergebnisse hervorgebracht. Mittlerweile gibt es einige Firmen, die Windturbinen für das Hausdach vertreiben. Die meisten Firmen haben ihren Sitz außerhalb Deutschlands.

Das Prinzip der vertikalen Rotorachsen hat einen großen Vorteil, weshalb man die Entwicklung hierzulande unbedingt weiter voranbringen sollte: Sie nutzen thermische Aufwinde, die an Gebäuden durch Erwärmung der Fassaden oder Straßenpflaster entstehen. Selbst geringe Temperaturunterschiede setzen die Rotoren in Bewegung. Es gibt einen weiteren Vorteil, der sich bei häufiger auftretendem Starkwind auszahlt und bei größeren Windrädern zu steigenden Reparaturkosten führt. Kleinwindanlagen auf dem Prinzip vertikaler Rotoren werden selbst mit schwierigen Windverhältnissen fertig, bei denen herkömmliche Windräder abgeschaltet werden müssen oder gar beschädigt werden. Ein weiterer Pluspunkt ist, dass vertikale Rotoren geräuscharm (nicht lauter, als die Umgebungsgeräusche) sind und wenig Schatten werfen, was für immer mehr Anwohner der Windriesenräder ein gesundheitliches Problem wird. Zudem sind gerade Windturbinen für das Hausdach einfacher und kostengünstiger zu warten. Auf Hausdächer montiert, sind sie eine Bereicherung für den Energiemix von Wohnhäusern.

Als Großanlagen eignen sie sich jedoch noch nicht. Vielmehr lassen sich vertikale Windräder im Kleinen einsetzen, beispielsweise für die Stromversorgung von Straßenbeleuchtungen, Ampelanlagen, Reklameschildern, Ladestationen für E-Autos usw. Eine Firma in Paris hat dazu eine sehr originelle Idee entwickelt:

• Windbäume

Auf den ersten Blick sehen sie aus wie Bäume. Beim näheren Hinsehen erkennt man, dass die grünen Blätter in Wahrheit grüne, sich im Wind drehende Rotoren sind. Das Gerüst, auf dem die Rotorblätter sitzen, sieht aus wie ein Baum. Das Design lässt sich sicherlich noch verfeinern. Doch der Ansatz der Pariser Firma NewWind ist der richtige. Darin paaren sich intelligente Technologie und ästhetisches, grünes Design. NewWind steht noch am Anfang und sicherlich wird man im Laufe der kommenden Jahre das System optimieren. Ganze Alleen ließen sich „pflanzen", besonders in städtischen Innenräumen, wo eine Bepflanzung mit echten Bäumen schwierig ist. Es ließen sich aber auch Hecken bauen. In welcher Weise die grünen Rotoren angeordnet werden und welche Form sie gemeinsam ergeben, ist variabel. Kombiniert man das System mit der Gewinnung von Trinkwasser durch Kondensation, können Karstgebiete mit Windbäumen „bepflanzt" werden. Auf diese Weise lassen sich ganze Regionen fruchtbar machen und die Besiedelung von Oasen wird ermöglicht, da eine unabhängige Stromversorgung vorhanden ist. Es wäre nachhaltige Flüchtlingshilfe, würde man in den Herkunftsländern von Klimaflüchtlingen solche Projekte anstoßen.

Hersteller Vertikale Turbinen

windturbine.cc	www.windturbine.cc
SonnenWindAnlagen	www.sonnenwindanlagen.de/vertikale-windturbinen
Envento Windenergie GmbH	www.youtube.com/watch?v=AjMCEg1b-ZI
Windside	www.windside.com
Helix Windturbine	http://wind-of-change.org
Mikro Windkraft	http://www.mikro-windkraft.de
FuSystems Sky Wind	http://www.myskywind.com
SheerWind	http://sheerwind.com
Windmover	http://www.windmover.org
Windhaus	http://www.windhaus.at

• Das Wasser

Über die Gewinnung von trinkbarem Wasser sprachen wir im Kapitel 2.3 TRINKWASSER. In diesem Abschnitt betrachten wir das Wasser als Elementarkraft. Wie kein anderes „Material" ist Wasser in seinem Zustand wandelbar. Fest, flüssig, gasförmig und als ein besonderes Liquid im Bereich zwischen den Aggregatzuständen.

Wasser fließt, passt sich jeder Form an, durchdringt Materialien, kann sich ausdehnen und zusammenziehen. Es kann Moleküle, Informationen und Energie aufnehmen, sie transportieren und wieder abgeben. Stets neigt es dazu, Niveaus und Milieus auszugleichen. Das ist der Motor der Strömungsenergie. Im Großen vollzieht sich dies in den globalen Meeresströmungen. Ähnlich dem Wind werden sie angetrieben durch das physikalische Streben nach Temperaturausgleich.

Bäche, Flüsse, Ströme, Meere – Kulturen rund um den Erdball entwickelten Verfahren, dem Wasser seine Kraft und Energie zu entlocken, sie zu zähmen, zu kanalisieren und zu lenken. Strömungskräfte trieben Wasserräder an, um Korn zu mahlen, später Turbinen, um Strom zu gewinnen.

• Wasserrad

Wer auf Grundstückssuche für seinen selbstversorgenden Landsitz ist, sollte wesentliche Kriterien bei der Auswahl beachten. Wohl dem, der ein Grundstück in Hanglage findet. Bestenfalls durchfließt es ein Bach oder weist gar eine Quelle auf. Dort ist es ein Leichtes, ein Wasserrad zu betreiben. Damit lässt sich Korn mahlen und lassen sich Speiseöle pressen sowie Schmieden und Sägewerke betreiben. Außerdem kann man mit dem Einbau eines Wasserrades in ein fließendes Gewässer das Wasser über Kanäle oder Rohre zu seinem Haus leiten und Trinkwasser gewinnen. Mit dem Wasserrad selbst lässt sich durch Einbau einer kleinen Turbine Strom erzeugen. (Zum Thema Wasserreinigung findest du Infos im Kapitel 2.3 TRINKWASSER/Wasser reinigen. Wenn möglich, sollte das Wasser verwirbelt werden. Unter dem Begriff Wasserverwirbler findet man im Internet einige Anbieter, die das Passende im Sortiment haben.)

Was außerdem wichtig und unbedingt zu erwähnen ist, dass die Nutzung von Wasser zur Stromgewinnung behördlicher Genehmigungen bedarf. In Deutschland sind die Regelungen verhältnismäßig streng. Darüber sollte man sich schlau machen, bevor man mit dem Bau eines Wasserrades oder dem Einbau von Mini-Turbinen in Fließgewässer beginnt.

- **Strömungskraft**

Wasser lässt sich stauen. Zum einen, weil man es sammeln will, zum anderen aber auch, um die Strömungsenergie künstlich zu steigern und zum Antrieb von Turbinen zu nutzen. Bei jeder Art, Strom aus Wasserkraft zu gewinnen, dreht es sich um die optimale Nutzung der fließenden Energie des Strömens (siehe auch Osmosekraftwerk und Meereswärme-Kraftwerk). Sie ist durch geographisches Gefälle und Erdanziehungskraft stets vorhanden und damit eine unerschöpfliche Energiequelle, solange die Erde eine Atmosphäre besitzt.

Dieser unbändigen Kraft werden wir gewahr, wenn sie in Form von Starkregen, Hochwasser und Wellenbergen in Siedlungsgebiete strömt. Nichts kann sich dieser Kraft dauerhaft entgegenstellen. Wasser findet stets seinen Weg des geringsten Widerstandes. Je mehr es gestaut wird, desto stärker wird der nutzbare Druck der Wassermassen.

Das Wasser auf unserem Planeten zirkuliert ohne Unterlass in den Ozeanen, in der Luft und auf den Landmassen. Ein perfekter Kreislauf, der das Wachstum von Pflanzen ermöglicht, von dem wiederum das Leben von Mensch und Tier abhängt. Die Pumpe, die den ewigen Kreislauf antreibt, ist die unaufhörliche Verdunstung großer Wassermengen über den von Sonneneinstrahlung erwärmten Ozeanen. Fortlaufend steigt Wasserdampf in die Atmosphäre auf und wird zu Wolken. Als Regen fällt die kondensierte Feuchtigkeit wieder zu Boden und strömt zu den Meeren zurück. Ein ununterbrochener Kreislauf, in dem unentwegt große Mengen an Energie transportiert werden. Alles geschieht durch physikalische Gesetze.

Strömungsenergie ist überall, wo Fließgefälle besteht. Wir brauchen uns nur in dieses System des Strömens einzuklinken und können uns dessen Kraft bedienen. Diese Idee ist nachgewiesenermaßen mehr als 2000 Jahre alt. In unserer Zeit können wir sie mithilfe unserer verfeinerten Technik perfektionieren. Mini-Turbinen lassen sich selbst in Leitungsrohre der Trink- und Abwasserversorgung einbauen, so dass jeder Toilettenspülgang Energie erzeugen könnte.

• Strömungsboje

Die Strömungsenergie von Flüssen lässt sich mittels Strömungsbojen in Strom umwandeln. Auf diese Idee kam der Österreicher Fritz Mondl und entwickelte mit seiner Firma Aqualibre Bojen, an denen fischfreundliche Rotoren hängen, die Generatoren antreiben. Eine simple Idee mit einigen, noch zu lösenden technischen Herausforderungen. Dann ist es, als würde man eine Angel ins Wasser halten und Strom aus dem Fluss angeln.

Mit dem selben Prinzip werden Mini-Wasserkraftwerke betrieben, die in der Strömung verankert sind. Die Herausforderung bei allen diesen Verfahren besteht darin, dafür zu sorgen, dass das Wasser zur Turbine gesaugt wird, sich also nicht davor aufstaut und den Druck zur Seite abgibt. Der künstlich erzeugte Sogeffekt hingegen verstärkt den Strömungsstrahl.

Im Meer nutzen Wellen- und Gezeitenkraftwerke die Strömungsenergie.

Links zur Wasserkraft

aqualibre at — http://www.aqualibre.at
Saubere Energiegewinnung — www.youtube.com/watch?v=C8Vay-es9FA
Hoehenergie — http://hoehenergie.ch

die Mobile Miniturbine — www.youtube.com/watch?v=jMrxNbK3cpg
Smart Hydro Power — www.smart-hydro.de
www.youtube.com/watch?v=Ue9PWoZ7Zco
Wasserkraftwerk selbst gebaut
http://www.maurelma.ch/Produkte/Wasser/wassserkraftwerk.pdf

Filme zur Wasserkraft

Saubere Energiegewinnung	https://youtu.be/C8Vay-es9FA
Die Mobile Miniturbine	https://youtu.be/jMrxNbK3cpg
Mini-Wasserkraftwerke - Energie für den "Hausgebrauch"	https://youtu.be/Ue9PWoZ7Zco

- **Biomasse**

Das Wachstum und Leben auf dem Planeten produziert täglich Unmengen organischen Materials. Das nennt man Biomasse. Wie alles ist sie vergänglich. Mikroben und Bakterien zersetzen Holz, Laub und Grünschnitt, Obst und Gemüse und führen sie der Erde als Nährstoffe wieder zu, ein biologischer Kreislauf seit Jahrmillionen. Ökoligent ist, wenn wir uns in solche Kreisläufe einklinken und sie mit unseren Eingriffen bestenfalls begünstigen und beschleunigen. Kompostierungsprozesse wurden auch schon in ferner Vergangenheit von Menschen beschleunigt, um Erde herzustellen. Die Terra Preta ist ein imposantes Beispiel dafür (siehe Kapitel 2.2 LANDHEGE/Terra Preta).

Wir sollten gerade im Solidarischen Dorf und drumherum der Biomasse viel mehr Beachtung schenken und sie als wertvollen Rohstoff entdecken. Ein unerschöpflicher Rohstoff, solange es Wachstum gibt. Begünstigen wir die Umwandlung von Biomasse in Humus, steigern wir mit jedem Einbringen dieser neu gewonnen Erde die Fruchtbarkeit der Böden. Dies steigert wiederum das Aufkommen von Biomasse.

Was bislang oft noch als Grünabfall aufwendig und kostenintensiv entsorgt wird, ist als kostenlos anfallender Rohstoff sinnvoller nutzbar. In der Landwirtschaft und Landschaftspflege fallen Tonnen von Laub, Gras-, Hecken- und Baumschnitt, Tiergülle, Stroh, Spelze und Ernterückstände an. Die Menge erhöht sich um ein Vielfaches, wenn nachwachsende Rohstoffe wie Hanf, Miscanthus, Bambus und Algen angebaut werden. Aber auch im alltäglichen Leben und Wirken des Menschen entstehen Unmengen organische Abfälle - täglich. Gülle, Klärschlamm, Abwässer aus Toiletten und andere organische Rückstände aus Küchen und Produktionsstätten.

Biomasse. Ein unschätzbarer Wert, weiß man sie systematisch zu Energie und Rohstoffen umzuwandeln. Mit einer Pyrolyse-Anlage.

• Pyrolyse, Biogas, Biokohle

Mit dem technischen Verfahren der Pyrolyse lassen sich aus Abfällen unterschiedlichster Kategorie wiederverwertbare Rohstoffe gewinnen: Biogas, Bio-Wasserstoff, Biokohle und Algen-Rohöl. Diese Rohstoffe haben mehrere Eigenschaften. Sie lassen sich nutzen als Treibstoff für ökologische Antriebs-Technologien, zur Energiegewinnung und für die Herstellung von Humus. Die Gülle, deren Ausbringung auf die Felder bislang Böden und Trinkwasser belastet, nimmt nun den Umweg über die Pyrolyse-Anlage und wird dadurch zu einem natürlichen und hochwertigen Dünger.

In der Pyrolyse entstehen hauptsächlich Biogas und Wasserstoff. Beide Stoffe können Kommunen und ländliche Regionen zu Energie-Selbstversorgern machen. Groß-Kraftwerke und Überland-Trassen für Stromleitungen werden nicht mehr gebraucht. Der Strom entsteht vor Ort.

Biomasse, Biogas, Biokohle

Biomasse-Nutzung	http://www.biomasse-nutzung.de
Bioenergie-Kraftwerk Emlichheim - Strom aus Stroh	www.bioenergie-emsland.de
Biomeiler - native power	http://native-power.de

Film zur Biokohle

Biokohle	https://youtu.be/o3DKXCyZa0Q

• Bio-Wasserstoff & Brennstoffzelle

Ökoligent ist, wenn des einen Abfall des anderen Nahrung oder Rohstoff ist. Auf diese Weise entstehen Rohstoff-Kreisläufe, bei denen die Menge der unverwertbaren Rückstände so gering wie möglich gehalten wird. In der Natur sind Rohstoff-Kreisläufe allgegenwärtig. In den allermeisten Fällen sind Bakterien-Kulturen mit im Spiel. Ich wage zu behaupten, dass für jedes Material, jeden Stoff eine Bakterienart gewachsen ist, die ihn zu zersetzen vermag. Selbst aus Kunststoffen, giftigen Chemikalien und sogar aus Radioaktivität ziehen Bakterien Nährstoffe (wer mag, kann über das Bakterium Deinococcus radiodurans recherchieren). Bei diesen chemischen Prozessen der Zersetzung werden die im Material gebundenen Molekülketten aufgespalten, umgewandelt, neu zusammengesetzt und verwertet. Alles Leben begann letztlich mit Bakterienkulturen, den Chemikern der Natur.

Ameisen, Bienen und Wiederkäuer, aber auch unser Dickdarm, kultivieren Bakterien, gehen mit den Meistern der chemischen Verwandlung eine Symbiose ein, füttern sie und ernten deren Abfallprodukte. Alle an der Umwandlung Beteiligten ziehen einen existenziellen Nutzen daraus: Win-Win-Verbindungen. Ökoligent ist also, solche Rohstoff-Kreisläufe bewusst herzustellen. Bestenfalls entwickelt das Solidarische Dorf eine ökonomische Infrastruktur nach diesem Muster. Das Dorf wird zu einem Organismus, der sich selbst versorgen kann.

Durch Nahrungsaufnahme und -ausscheidung von Organismen fällt überall und unentwegt Biomasse an. Abertausende von Tonnen dieses Rohstoffs stehen zur Verfügung. Mit dem Anbau nachwachsender Rohstoffe (Algen, Hanf, etc – siehe Kapitel 2.5 NATÜRLICHE ROHSTOFFE) steigert sich die Menge um ein Vielfaches. In der Biomasse sind Kohlenstoffe gebunden, in Molekülketten gespeicherte Energie. Ob Erdöl, Kohle oder Gas - stets geht es darum, diese Kohlenstoffe freizusetzen und nutzbar zu machen. Um an die Brennstoffe der Biomasse heranzukommen, braucht man nur eine Gärung in Gang zu setzen, bei der Biogas frei wird. Genauso lässt sich aber auch Wasserstoff aus diesem Verwandlungsprozess gewinnen.

Biowasserstoff, oder einfach Wasserstoff, ist ein energiereiches Gas. Da es sich verflüssigen lässt, eignet es sich als Energieträger, sprich flüssiger Stromspeicher, der sich über entsprechende Rohre direkt zu Gebäuden leiten lässt. Dort, im Keller, werden Brennstoffzellen mit ihm „betankt" und machen daraus Strom. Für Verbrennungsmotoren ist das flüssige Gas ein rückstandsfreier Treibstoff. Alles, was nach der Verbrennung übrig bleibt, ist Wasser Autos und Flugzeuge, die mit Wasserstoff betrieben werden sind bereits in der Entwicklung.

In einem Biowasserstoff-Reaktor oder Pyrolyse-Verfahren werden die Umwandlungsprozesse beschleunigt. Je nach Ausrichtung der Anlage können unterschiedliche Materialien mit Kohlenstoffverbindungen zur Gewinnung von Wasserstoff verwendet werden. Organische Reststoffe, wie Biomasseabfälle aus Küche und Landwirtschaft, Klärschlamm, Fäkalien, Gülle, Holzschnitt aus Sägewerken, Stroh, Miscanthus, Algen, sogar Kunststoffe lassen sich zu Biowasserstoff recyceln. Bereits im zweiten Weltkrieg nutzte man die Pyrolyse, um von fossilen Kraftstoffen auf Erdölbasis unabhängig zu werden und ausreichend Brennstoff im eigenen Land gewinnen zu können.

Wasserstoff lässt sich genauso mittels Elektrolyse von Solar- und Windenergie gewinnen. Eine intelligente Lösung, um Stromüberschüsse, die ein Windrad produziert, direkt vor Ort in Form von Wasserstoff zu speichern und ins Versorgungsnetz einzuspeisen.

Bei der Verbrennung von Wasserstoff bleibt als Rückstand ausschließlich reines Wasser zurück. Kein Feinstaub, kein Kohlenmonoxid, nichts dergleichen. Damit noch nicht genug der Vorteile. Wasserstoffgewinnung kann auf riesige Abbauhalden und Minen und die damit verbundenen Naturzerstörungen verzichten. Das macht Biowasserstoff umweltfreundlich und zu einem relativ leicht und günstig herzustellenden Rohstoff. Brennstoffzellen gibt es in beliebigen Größen. Als Motor für Fahrzeuge oder als kleines, hausinternes Kraftwerk. Der Treibstoff des 21. Jahrhunderts.

Je länger man sich mit alternativen Stromquellen beschäftigt, desto mehr neigt man dazu, Biowasserstoff als die interessanteste Variante anzusehen. Er ist sauber und unabhängig von Wetterbedingungen. Er ist nichts für den Hausgebrauch, aber für ein Solidarisches Dorf eine attraktive Lösung bei der Gestaltung einer dezentralen, ökologischen Energiewende. Zweifelsohne bedarf es noch einiger Anstrengungen, diese Technologie voranzubringen, bis sie ausgereift ist. Anfänge sind gemacht. Oft fehlt es an den nötigen Fördergeldern und einer fehlenden Lobby, dass die Entwicklung solcher Technologien im Schneckentempo vorangeht. In populären Technologien, wie beispielsweise dem Mobiltelefon, ist die Entwicklung rasant, denn hohe Gewinne sind garantiert. Aber vielleicht passiert es, dass Umwelt- und Naturschutz eines Tages einen höheren Stellenwert bekommt, als ausschließlich profit-orientiertes Denken.

Infos zu Wasserstoff

Bio-Wasserstoff und Brennstoffzelle	www.bio-wasserstoff.de
Biowasserstoff-Magazin	www.biowasserstoff-magazin.de
Deutscher Wasserstoff- und Brennstoffzellenverband	www.dwv-info.de
Grüne Wasserstoff-Wirtschaft	http://h2works.richey-web.de/de/inhaltliches.html
Die H2 Patent GmbH	www.h2-patent.eu

Filme zu Wasserstoff

Brennstoffzelle Erklärung und Funktion	https://youtu.be/UwG3EOoVmfE
Wasserstoff - Die Energie der Zukunft? 1/3	https://youtu.be/badBSKoRzkl

• Stromspeicher

Energie zu gewinnen, ist eine Sache. Die andere ist, den Strom speichern zu können, also auf Vorrat zu lagern. Fieberhaft wird seit Jahrzehnten gerade auch in der Entwicklung von Elektro-Autos daran gearbeitet, bessere Speichermedien zu entwickeln. Lange kannte man nichts anderes, als Batterien. Die neuesten Batterie-Technologien geben sich die Klinke. Moderne Lithiumbatterien sind abhängig von seltenen Rohstoffen und deshalb wenig nachhaltig. Wasser wurde verwendet, um Energie als Wärme zu speichern, die dem Wasser andernorts wieder entzogen wird: das Prinzip von Wärmepumpen im Eigenheim und Thermalkraftwerken wie auf Island.

Eine weitaus flexiblere Variante verspricht der Wasserstoff. Allerdings steckt die Forschung und Entwicklung noch in den Kinderschuhen. Hier wird sich in Zukunft eine Menge tun. Unterstützend dürfte es sein, wenn sich Kommunen vermehrt für solche Lösungen interessieren. Steigt die Nachfrage, beschleunigt sich automatisch die Entwicklung. Gerade in Zusammenhang mit dem Anbau von wasserstoffreichen Algen lassen sich große Mengen Wasserstoff vor Ort produzieren.

- **Energiequellen für Selbstversorger**

Zum Schluss des Exkurses zur grünen Energiegewinnung möchte ich noch einmal darauf eingehen, welche Möglichkeiten der Stromversorgung für Selbstversorger bestehen. Menschen, die sich in die Natur zurückgezogen haben oder Häuser ohne kommunales Stromnetz bewohnen, müssen auf Elektrizität nicht verzichten. Das ist heutzutage leichter als je zuvor. Immer mehr Firmen tauchen auf, die genau diesen Markt mit mobilen Wasserrädern, Windrädern oder Photovoltaik-Anlagen bedienen. Wenn man zu mehreren ist und sein Geld zusammenlegt, kann man durchaus eine Technologie für die Stromversorgung finden. Eine solche Investition lohnt sich, um Handwerksgeräte und Maschinen nutzen zu können oder um Gegenstände herzustellen, Pumpen zu betreiben oder Bauarbeiten durchführen zu können. Wer einen Bach in der Nähe hat, sollte ein Wasserrad bauen, was wenig Aufwand benötigt und kaum Kosten verursacht. Anleitungen dazu gibt es in der weltweiten Online-Bibliothek. Grundregel bei der ökoligenten Stromversorgung ist der Energiemix, Strom aus den unterschiedlichen Quellen Sonne, Wind, Wasser und Biomasse. Werdet erfinderisch und verkoppelt verschiedene Systeme miteinander.

2.5 Natürliche ROHSTOFFE

• Eine Geschichte der Rohstoffe

Seit Menschen sesshaft wurden und Kulturen zu entwickeln begannen, ist ihr Leben zum Großteil davon bestimmt, Rohstoffe zu beschaffen und weiter zu verarbeiten. Rohstoffe jedweder Art sind der Motor einer Kultur. Sie bilden die Grundlage für Werkzeuge, Handwerk und Handel. Wer im Besitz wertvoller Rohstoffe war, konnte durch Handel Macht, Einfluss und Reichtum erlangen. Dies wiederum ermöglichte es einer Kultur, sich weiter zu entwickeln, Zeit und Muße für Kunst und Wissenschaft aufzubringen. Oft eigneten sich Nationen auf Raubzügen Rohstoffe an, hinterließen eine Spur von Leid und Verwüstung. Bis heute ist das so. Fortlaufend wecken die Rohstoff-Reichtümer fremder Länder Begehrlichkeiten.

Im 21. Jahrhundert sind wir Kraft unserer technologischen, ökologischen und wissenschaftlichen Errungenschaften und Erkenntnisse in der Lage, diese Umstände zu überwinden und die Spirale der Gewalt zu durchbrechen. Mit dem Wissen und den Erfahrungen aus der Ökologie können wir mittlerweile viele Dinge und Mittel, die wir im Alltag benötigen, aus Pflanzen herstellen, die in heimischer Natur gedeihen. Wenn wir es geschickt anstellen, steht uns ein Großteil der Ressourcen und Rohstoffe, ob Nahrung, Medizinalien, Energie, Trinkwasser, Fasern und Hölzer, vor Ort zur Verfügung.

Der Anbau solcher Pflanzen schafft einen Reichtum an Rohstoffen, die fast kostenlos sind: Der Traum eines jeden Handwerkers und Händlers. Das verspricht beim Warenverkauf Gewinne, von denen eine Familie leben kann. Findet das Ringen um die Existenzsicherung ein Ende, kann sich die Kreativität des Individuums entfalten und die Gesellschaft durch schöpferisches Tun bereichern. Regionen, in denen nachwachsende Rohstoffe kultiviert werden, erleben dann eine kulturelle Blütezeit, in der sich der Fokus vom Geldverdienen aufs Schöpferische verlagert. Eine solche tiefgreifende kulturelle Entfaltung ist die nachhaltigste Friedensarbeit, die stattfinden kann. Ein gut versorgtes, wohlständiges Volk trachtet nicht nach Hab und Gut in Nachbars Garten.

Schon bald wird es für viele Betriebe der Normalfall sein, auf eigenem Land die nötigen Rohstoffe anzubauen. Das ist bequem und praktisch. Doch von weit größerem Wert sind die Auswirkungen: die Entlastungen von Straßen durch ein erheblich vermindertes Transportaufkommen; die Schonung der Natur, die ein Beenden des Raubbaus von Bodenschätzen nach sich zieht; der Schutz unserer Gewässer, die nicht mehr durch eine chemisch-industrielle Produktion belastet werden; das Ende leidvoller Rohstoff-Kriege.

Geschieht ein solches Umdenken global und wird das Solidarische Dorf ein Konzept zur Stärkung einer jeden kulturellen Lebenszelle, werden sich überall Menschen in ihrem Lebenskreis mit dem Meisten selbst versorgen können, frei sein von der Abhängigkeit von anderen Staaten und echte Selbstbestimmung leben können.

Dann ist die Zeit gekommen, in der man allen Staaten dieser Erde das uneingeschränkte Eigentumsrecht an den Bodenschätzen und Grundressourcen des Landes garantieren kann. Auf dem gemeinsamen Weltmarkt gleichberechtigter Staaten wird dann ausschließlich zu fairen (redlich, ehrenhaft, gerecht) Bedingungen gehandelt werden können (aber nicht müssen).

• Rohstoffe aus Pflanzen gewinnen

Pflanzen sind unsere großen Helfer und Verbündete. Sie ernähren uns, sie schenken uns heilende Medizin und sie liefern uns vielfältige Rohmaterialien. Fast alles, was wir täglich verwenden, hat eine pflanzliche Grundlage. Diese enge Partnerschaft sollten wir uns wieder vermehrt bewusst machen, um sie würdigen zu können. Mit modernen Ingenieurtechniken werden bis in die molekulare Struktur hinein stetig weitere Pflanzenrohstoffe und deren Möglichkeiten entdeckt. Die Tatsache, dass sich die Vorkommen an Bodenschätzen, auf deren Verwendung man sich mit der industriellen Revolution konzentriert hatte, schlichtweg erschöpfen, hat zu einer regelrechten Aufbruchstimmung geführt. Die Werkshallen brauchen Ersatzstoffe für die künftigen Produktionen. Millionen von Arbeitsplätzen hängen daran. Konnte man sich früher auf verhältnismäßig wenige Pflanzen beschränken, die zum täglichen Leben notwendig waren, sind die Bedürfnisse unserer Zivilisation ins Unermeßliche gestiegen. Der Hunger der Industrie ist so groß geworden, das diese Tatsache allein zum Umdenken zwingt.

Viel zu sehr hat man sich von Bodenschätzen abhängig gemacht. Gleichzeitig wurden wertvolle Naturräume unwiederbringlich zerstört – mit fatalen Folgen für die Lebendigkeit und Vielfalt des Planeten. In die Lebensräume fremder Kulturen drang man gewissenlos ein und scheute nicht vor Kriegen zurück, um sich deren Bodenschätze anzueignen, allen voran Eisen, Stahl, Kohle, Gas und Öl.

Ahnungslos hatte man mit den vermeintlichen „Errungenschaften" einen Weg der Umweltzerstörung eingeschlagen. Über die ökologischen Folgen des Raubbaus war nichts bekannt bzw. nahm man sie achselzuckend in Kauf. Die traurigen Ergebnisse sind die Herausforderungen unserer Zeit. Der Bedarf an Bodenschätzen muss gegen Null laufen. Das würde er spätestens dann tun, wenn das System seinen Hunger nicht mehr bedienen kann und kollabiert. Dank unserer engsten Verbündeten, der Pflanzen, müssen wir es so weit nicht kommen lassen. Lediglich für Edelmetalle hat man bisher kaum nachwachsenden Ersatz gefunden. Aber auch in diesem Sektor läuft die Entwicklung auf Hochtouren, Produkte herzustellen, die weder Edelmetalle noch

Seltene Erden benötigen. Die Bionik[21] ist eine der Wissenschaften, in der heutzutage die größten Entdeckungen anstehen, ein Abenteuerland mit ungeahnten Aussichten. Es herrscht im wahrsten Sinne eine Goldgräberstimmung, denn so manche Pflanzen bergen einen höheren Wert als Edelmetalle: Sie wachsen nach. Algen und Hanf beispielsweise sind vielfältiger verwendbar als die meisten anderen Pflanzen. Auch der Bedarf an Eisenerz lässt sich erheblich drosseln. Für die Konstruktionen von Gebäuden und Karosserien können schon heute Pflanzenrohstoffe Eisenerz gänzlich ersetzen (z.B. Lignin + Kohlenstoff-Verbindungen).

Wer daran denkt, einen Betrieb ins Leben zu rufen, der natürliche Rohstoffe aus der Region verarbeitet und Waren daraus herstellen will, sollte sich eingehend mit dem Thema und der Pflanze selbst beschäftigen. Je mehr Fähigkeiten und Kompetenzen sich in so einem Projekt verbinden und ergänzen, desto ausgereifter wird das Ergebnis sein. Überlegt miteinander, welche Kreisläufe eine Ressource ermöglicht. Ein Rohstoff zieht eine Kette von weiterverarbeitenden Betrieben und regen Handel nach sich. Manchmal ist es gar so, dass ein ökologisch-nachhaltiger Betrieb Neugierige ins Land lockt und die Kommune zu einem Magneten für den Tourismus wird. Mit dem richtigen Rohstoff und einem durchdachten Plan entstehen oft Erfolgsgeschichten.

Lass dich überraschen, was unsere Mitbewohner und Nachbarn, die Pflanzen, so alles können, und lass dich von den Visionen inspirieren, die sie uns damit eröffnen.

---

21) Bionik – wikipedia: (auch Biomimikry, Biomimetik oder Biomimese) beschäftigt sich mit dem Übertragen von Phänomenen der Natur auf die Technik.

Liste von natürlichen Rohstoffen aus der Region

Arznei-, Eiweiß-, Färber-, Faser-, Öl- + Stärkepflanzen

Algen Brennnessel	Daunen	Hanf
Gemüse	Getreide	Gewürz
Distel	Flachs	Heilpflanzen
Holz	Honig	Laub
Leder	Lehm	Lignin
Milch	Miscanthus	Mohn
Nüsse	Obst	Pilze
Rindenmulch	Schilf	Seegras
Senf	Sonnenblume	Stroh
Tierdung	Ton	Wachs
Weidenholz	Wild	Wolle

• Algen

Produkte: Nahrung, Verdickungs- und Bindemittel, Stabilisator, Medizin, Rohöl, Schaumstoff

Die Alge ist ein wundersamer, geradezu ökoligenter Rohstoff. Es lohnt sich, diese Pflanzengattung genauer zu betrachten. Ihre vielen wertvollen Eigenschaften sind inspirativ für jede Kommune, die ökonomisch nach neuen Wegen sucht. Genauso interessant ist die Alge für Menschen, die mit lukrativen Produkten handeln möchten oder auch eigene Produktionsstätten aufbauen wollen.

Die Familie der blau-grünen Alge, bevölkert die Erde seit mehr als 3 Milliarden Jahren. Mit ihrer Fähigkeit zur Photosynthese produzierte

sie Sauerstoff und machte die giftige Ur-Atmosphäre lebensfreundlich. Überall siedeln sie, in allen Lebensräumen. In Meeren und im ewigen Eis, in Bächen, Flüssen, Seen, und Tümpeln und auch in heißen Quellen, Höhlen und Gebirgen, in Wüsten, auf Bäumen und in Symbiose mit Pilzen in der Erde. Von Algen ernähren sich Wale und viele andere Tiere. Algen sind Lebewesen am Anfang der Nahrungskette, sind Organismen, die unentwegt Biomasse, Nährstoffe und Sauerstoff herstellen. Einzig Licht, Temperatur und Feuchtigkeit müssen stimmen. Algen lassen sich in jedem durchsichtigen Behälter künstlich erzeugen. Am Meer bieten sich Rotalge[22] und Braunalge[23] an. In kurzer Zeit entstehen Tonnen von Seetang. Als Bioabfall der Meere schwemmen ihn Wind und Wellen an die Küsten. Man braucht den Seetang nur einzusammeln. Die Verwendung von Algen ist nichts Neues. Sie wurden bereits in der Antike in China, Japan und anderen asiatischen Ländern verwendet. Bis heute sind sie dort fester Bestandteil der Ernährung. Vor einigen Jahrhunderten düngte man in Europa, beispielsweise im alten Schottland, mit dem eingesammelten Tang die Felder. So konnten selbst unfruchtbare Böden nach einer Weile landwirtschaftlich genutzt werden. Später entdeckte man andere Eigenschaften der Algen. Aus der Algenasche ließ sich Soda herstellen, das Glashütten für die Herstellung von Glas und Porzellanglasuren brauchten.

In unserer Zeit können Bauern mit der Nutzung von Algen ihre Betriebe wieder in grüne Zahlen fahren. Algen stehen unbegrenzt zur Verfügung, solange es Licht und Wasser auf der Erde gibt. Sie sind leicht zu züchten, auch auf landwirtschaftlich anderweitig nicht zu nutzenden Flächen, denn sie gedeihen in hohen und schlanken Zylindern. Der Reichtum dieser Urpflanze liegt in ihren vielfältigen Verwendungsmöglichkeiten:

---

22) Rotalge (Rhodophyta) - Seetange, strukturierte, vielzellige Meeresorganismen. Zu den Rotalgen zählt man über 5000 meist marine Arten. Ihre Entwicklung begann vor etwa 2 Millionen Jahren.

23) Braunalge (Phaeophyta) – Seetange. Größte alle Algenarten. Vorkommen in Gezeitenzonen und Flachwasserbereichen von Küsten gemäßigter und kalter Meere. Dort bilden sie ausgedehnte Wälder, den Kelp.

Algen als Nahrungsmittel

Einige Algenarten sind aufgrund ihrer wertvollen Inhaltsstoffe ein hervorragendes Nahrungsmittel. Es vermag eine optimale Ernährung aller menschlichen Zellen zu garantieren. Sie bestehen bis zu 70% aus Eiweiß (weit höherer Anteil als bei Fleisch, Milch und Eiern) und enthalten das gesamte Spektrum an essentiellen und nicht essentiellen Aminosäuren[24], sowie viele wertvolle Vitamine und Mineralstoffe: Vitamin E, C, B1, B2, B3, B6 und B12 sowie einen hohen Beta-Carotin Gehalt. Fette und ungesättigte Fettsäuren wie Linol- und Linolensäure sowie Omega-3- und Omega-6-Fettsäuren. Kalzium, Phosphor, Eisen, Magnesium, Zink, Chrom und Selen.

Aus den Phykokolloiden (aus Algen gewonnener Mehrfachzucker) werden Binde- und Verdickungsmittel (für Marmeladen, Pudding, Eiscreme und Joghurt) sowie Stabilisatoren (für Margarine und Frischkäse) gewonnen. Die bekanntesten sind die Alginate aus Braunalgen sowie Agar und Karrageen aus Rotalgen.

Außerdem haben manche Algen eine hohe gesundheitliche Relevanz, indem sie laut verschiedener wissenschaftlicher Untersuchungen in der Lage sind, schädliche Umweltgifte, Schwermetalle und freie Radikale zu binden und aus dem Körper auszuschwemmen. Auch Wirkungen gegen Tumore, Bakterien und Viren, ja sogar Radioaktivität sind im Gespräch.[25]

---

24) *Aminosäuren - sind die Bausteine der Proteine. Essentielle Aminosäuren sind lebensnotwendige Stoffe, die ein Organismus benötigt, aber nicht selbst aufbauen kann und sich deshalb über Nahrung zuführen muss. Nicht essentielle Aminosäuren kann der Körper selbst herstellen.*

25) *http://naturschutz.ch/news/mit-algen-gegen-radioaktives-wasser/71517 www.zentrum-der-gesundheit.de: Die Chlorella ist eine Alge mit einem sehr hohen Chlorophyllgehalt, durch den der Sauerstoffgehalt im Körper entsprechend erhöht wird, und einer besonders aufgebauten Zellmembran. Diese beiden Merkmale sorgen für ihre spezielle Wirkungsweise. Die Membran ist in der Lage, Schwermetalle, und darüber hinaus auch einige andere Umweltgifte wie Dioxin, Formaldehyd sowie verschiedene Insektenschutzmittel, zu absorbieren zu binden und auszuleiten. Studien aus Japan, die nach den Nuklearangriffen auf Nagasaki und Hiroshima im Jahr 1945 gemacht wurden zeigten, dass acht Gramm Chlorella am Tag eine fünffache Eliminierung von Uran, Blei und Kadmium verursachen.*

Wer Algen als Nahrung zu sich nehmen will, sollte beim Kauf unbedingt biologische Ware kaufen. Dabei ist unbedingt auf die Jodmenge achten, denn Algen sind jodreich. Der Tagesbedarf sollte 0,2 Milligramm nicht übersteigen. Auf jodiertes Salz sollte dann vollkommen verzichtet werden. Auch zu bedenken ist, dass viele Nahrungsmittel jodiertes Salz enthalten. Bei der Ernährung mit Algen gilt: Weniger ist mehr. Lieber geringe Würzmengen über einen kontinuierlichen Zeitraum einnehmen. Nach einer Weile signalisiert der Körper „Sättigung". Dann sind die Zellen randvoll mit wertvollen „Materialien" für den Stoffwechsel.

Algen als Rohstoff

Andere Algen eignen sich zur Herstellung von Rohöl und Biowasserstoff. In Photobioreaktoren, die sich leicht in alten Scheunen aufstellen lassen, werden Algen gezüchtet und in Algen-Treibstoff umgewandelt. Für Bauern eröffnet sich mit der Produktion von Algen eine gänzlich neue Perspektive für ihre Höfe, wenn sie beispielsweise aus der Massentierhaltung aussteigen wollen. Sie können damit eine unerschöpfliche Öl-Quelle erschließen, denn sämtliche Land- und Baumaschinen lassen sich problemlos auf die Verwendung von Algen-Diesel umrüsten. In Spanien fährt bereits das erste Auto mit Algen-Kraftstoff. Die Algenproduktion im Bioreaktor beläuft sich auf etwa 200 Tonnen pro Jahr und Hektar. Der Spitzenertrag bei Raps liegt bei fünf Tonnen.

In Klärwasserteichen trägt die Alge zur Reinigung bei. Algen filtern Nährstoffe und Schadstoffe. Aus Gülle oder Brauchwasser produzieren sie Biomasse und Sauerstoff.

Schaumstoffe auf Algenbasis sind wasserabweisend und kompostierbar. Damit lässt sich Styropor ersetzen. Neuerdings stellt eine Firma Schuhe daraus her. Sie filtert Algen aus den Gewässern, trocknet sie und verwandelt sie in einen schaumartigen Stoff, der in Sportartikeln oder Schuhwerk Anwendung finden kann. Solche ökoligenten Geschäftsideen sind es, die einem Dorf durch ein einziges Produkt zu Wohlstand verhelfen können – ein Kernziel des Solidarischen Dorfes.

Nicht zuletzt liefern Algen Zellulose für die Papierherstellung. Kleine Papier-Schöpfereien, die aus dem Holzkonsum aussteigen wollen, könnten den Grundrohstoff vor Ort selbst züchten.

Algen - Inhaltsstoffe und Arten

Blaualgen

Kein anderes Nahrungsmittel, ob tierisch oder pflanzlich, hat einen höheren Eiweißgehalt und eine optimalere Nährstoffzusammensetzung wie Blaualgen. Der Tagesbedarf an Mineralstoffen kann mit 10 g Spirulinapulver zu einem Großteil gedeckt werden. Der hohe Anteil an Antioxidantien macht Spirulina auch für die Gesundheitsfürsorge interessant.

Braunalgen

Verwendung in der Haut- und Haarpflege. Verschiedene Braunalgen sind kulinarische Spezialitäten wie z.B. Meeresspaghetti, Hijiki, Kombu und Wakame.

Grünalgen (Chlorophyta)

Grasgrüne Algen wachsen in Pfützen, Tümpeln, Flüssen und Seen, also in Süßwasser. Die grüne Mikroalge Chlorella liefert hochwertiges Protein. Aus anderen Grünalgen wird Provitamin A gewonnen.

Agar-Agar

Getrocknete Rotalge, die große Mengen Wasser binden und als pflanzliches Geliermittel verwendet werden kann. Ihre Gelierkraft ist bedeutend höher als die von Gelatine.

Alginat

Salz der Alginsäure. Alginsäure ist der Baustoff der Braunalge für Zellwände. Alginat hat ein sehr hohes Wasserhaltevermögen. Es dient als Emulgator und Bindemittel unter anderem bei Textildruck und Papierherstellung.

Karrageen

Ist ein Zellwandbestandteil der Rotalge. Ein Schleimstoff und natürlicher Emulgator, der Proteine und Wasser bindet. Dadurch findet Karrageen Anwendung bei Milchprodukten und Eiscremes, Farben, Gleitmitteln und Kosmetika.

Anregungen zum Thema Algen

Phytolutions - Mehr aus Algen http://www.phytolutions.de
Algen.biz – Alge, Alleskönner der Natur http://www.algen.biz
Scinexx - Alge - Rohstoff für alles http://www.scinexx.de/dossier-detail-224-12.html
ecoduna | Algenprodukte www.ecoduna.com
Algenland GmbH - Energie aus Algen http://algenland.de
Photobioreaktor www.photobioreactor.de
Algae Observer - Energie aus Algen
www.algaeobserver.com/erneuerbare-energien-energietrager-aus-algen
Algae Observer - La Réunion - Biokraftstoffe aus Mikroalgen
http://www.algaeobserver.com/la-reunion-bioalgostral-algensprit#more-3301
Wasserstoff aus Mikroalgen
www.gesundheitsindustrie-bw.de/de/fachbeitrag/pm/wasserstoff-aus-mikroalgen
Algenkultivierung und Algenforschung an der TH Wildau
www.biomasse-nutzung.de/algenkultivierung-algenforschung-wildau

Filme zu Algen als Rohstoff

Regnum Plantae: Grünalgen – Chlorophyta https://youtu.be/0pHLoQM4opQ
Klimapioniere: Algen im Tank - SPIEGEL TV https://youtu.be/BymQ7gjKiS8
Hoffnungsträger Alge https://youtu.be/MOOxC1chK4U

• Färberpflanzen

Flachs oder Leinen

Produkte: Textilien, Taschen, Speiseöl, Tier-Einstreu,
Dämmstoff-Zusatz siehe Kapitel 2.5 – ARCHITEKTUR/Dämmstoffe

Flachs wird seit Jahrhunderten als Faser- und Ölpflanze genutzt: Leinen und Leinsamen. Die robusten Fasern sind besonders strapazierfähig. Die begehrte Flachsfaser liegt im Inneren des Halmes. Die Schichten, welche die Fasern umschließen, müssen aufgebrochen werden. Dafür legt man den Flachs erst einmal etwa drei Wochen zum Trocknen in die Sonne. Danach lässt sich der Flachs auf der Brake quetschen und dreschen, bis der holzige Kern herausfällt.

Wer Flachs zu Leinen verarbeiten will, muss riffeln und hecheln können. Das getrocknete und mit der Brake bearbeitete Rohmaterial wird auf besondere Weise gekämmt. Auf der Riffe werden die Samenstände, die Leinsaat, herausgekämmt. Im nächsten Schritt werden die restlichen Grobteilchen mit einem feineren Hechelkamm aus den Fäden herausgekämmt. Nun kann das geschmeidige Material auf dem Spinnrad zu Garn gedreht werden. Aus Leinen lassen sich Kleidung, Bettwäsche und Taschen weben.

Im Unterschied zur Baumwolle erfordert die Verarbeitung von Leinen nur wenig Chemikalien. Der relativ umweltfreundliche Vorgang der Leinenweberei entwickelte sich vor Jahrhunderten, um die ärmere Landbevölkerung bekleiden zu können. In heutiger Zeit gibt es kaum noch Leinenwebereien in Europa. Für Selbstversorger und Aussteiger ist es gut zu wissen, wie man aus Naturfasern wie Leinen bzw. Flachs, Hanf und Brennnessel Textilien für den Alltagsgebrauch herstellen kann.

Liste der Färberpflanzen

Die folgende Liste von Pflanzen, mit denen man Textilien färben kann, lässt sich weiter ergänzen:

Bärentraubenblätter	Bärlappkraut	Bartflechte
Berberitzenrinde	Besenginsterkraut	Bienenwachs
Birkenblätter	Birkenrinde	Bitterkleeblätter
Bockshornkleesamen	Brombeerblätter	Eibischblätter
Eichenrinde	Eschenblätter	Eschenrinde
Färberginsterkraut	Flechten	Frauenmantel
Galgantwurzel	Galläpfel	Habichtskraut
Hamamelisrinde	Heidekraut	Heidelbeeren
Hibiskusblüten	Himbeerblätter	Holunder
Huflattichblätter	Johanniskraut	Kalmuswurzel
Kamillenblüten	Labkraut	Mädesüsskraut
Oregano	Rainfarnkraut	Rhabarberwurzel
Ringelblumen	Rittersspornblüten	Rosenblütenblätter
Rosmarin	Rosskastanienblätter	Rote Beete
Salbeiblätter	Sauerampfer	Schachtelhalmkraut
Stockrosenblüten	Tagetesblüten	Thymian span.
Tormentillwurzel	Ulmenrinde	Veilchenwurzel
Wacholderbeeren	Weidenrinde	Weinblätter
Zwiebelschalen		

Hanf

Produkte: Dämmstoff für den Hausbau

- Faserstoff für Formteile (Karosserien und Gerätegehäuse)
- Papier
- Seile
- Kleidung
- Nahrungs- und Heilmittel (Proteine, Antibiotika, Schmerzmittel)
- Speiseöl
- Bio-Energie
- Kraftstoff

Hanf ist vermutlich die älteste Kulturpflanze des Menschen. Seine vorteilhaften Eigenschaften und vielseitige Verwendbarkeit wurde bereits vor über 10.000 Jahren entdeckt und genutzt. Hanf ist genügsam, braucht nur wenig Düngung und gedeiht selbst auf mageren Böden. Für Krankheiten oder Schädlinge ist er kaum anfällig. Selbst Unkraut weiß die Pflanze zu unterdrücken, und Hanf bereitet Böden für anspruchsvollere Pflanzen vor. Zahlreiche Kulturen lobten und schätzten die medizinischen Eigenschaften des Hanfes. Der kultivierte Anbau von Hanf begann vor über 3.000 Jahren.

Die Erfolgsgeschichte der Pflanze durchzieht die Geschichte. Die Sehnen der mittelalterlichen Langbögen waren wegen seiner hohen Zugkraft aus Hanf. Das erste Buch, die Bibel Gutenbergs, wurde auf Hanfpapier gedruckt. Segel und Taue der großen Seefahrer und Entdecker wurden aus widerstandsfähigen Hanffasern gefertigt, die dem Salzwasser besonders gut trotzen können, weil die Fasern nur wenig Wasser aufsaugen. Das schonte die Segelmasten vor stark zunehmenden Gewicht bei schweren Seegang, ein geläufiges Problem unter Schiffseignern.

Hanf ist ein wertvoller Rohstoff und sollte auf euren Feldern nicht fehlen. Mit Hanf lassen sich Erdöl und Holz, aber auch zahlreiche Medikamente ersetzen. Gerade in den letzten Jahren wandelt sich die Einstellung zu Hanf. Nachfrage, Verwendung und Anbau wachsen stetig, was die Pflanze interessant für den regionalen Handel und den Einzelhandel des Solidarischen Dorfes macht.

Schaut, wo ihr euch über die außergewöhnliche Pflanze eingehend informieren könnt:

Rohstoff Hanf	www.rohstoff-hanf.com
Hanf – der nachwachsende Rohstoff	www.hanf.org
Hanfkultur	www.hanfkultur.com
Der Deutsche Hanf Verband (DHV)	www.hanfverband.de
Das Hanf-Museum	www.hanfmuseum.de
Das unabhängige Hanf-Magazin	www.hanf-magazin.com
Hanf-Dämmung	www.hanf-dämmung.de
Hanf-Faser	www.hanffaser.de
Thermo-Hanf	www.thermo-hanf.de
Hanfhaus	www.hanfhaus.de
Hanf-Depot	www.hanf-depot.de

• Kastanien

Produkt: Waschmittel

Jeden Herbst fallen sie zu Tausenden von den Bäumen: Kastanien. Leider sind sie nicht essbar. Doch sie eignen sich wegen ihrer natürlichen Saponine hervorragend als Waschmittel. Dafür werden etwa fünf Kastanien gesäubert, grob zerkleinert und in ein Schraubglas mit Wasser gegeben. Das Ergebnis ist vergleichbar mit herkömmlichen Waschmitteln. Kastanien sollte das Dorf alljährlich sammeln und lagern: ein Produkt für den Regionalladen.

• Lignin – Flüssigholz

Produkt: Verpackungen, Baustoffe, Karosserien, unterschiedlichste Gegenstände

In der Holzindustrie fallen unentwegt Tonnen von Holzfasern ab, in denen ein Aushärtungsstoff enthalten ist. Man nennt ihn Lignin[26]. Dieses natürliche Polymer (aus vielen, gleichen Teilen aufgebaut) dient zur Bildung von Zellwänden verholzender Pflanzen. Lignin sorgt für eine feste Zellstruktur, damit die Pflanze Wind und Wetter trotzen kann; er macht Bäume elastisch und fest zugleich, schützt aber auch vor dem Eindringen von Schädlingen.

Wir können Lignine nutzbar machen und daraus allerlei Produkte herstellen. Zunächst brauchte es ein Verfahren, um das Polymer aus den Holzfasern herauszulösen und daraus einen vielseitig einsetzbaren Werkstoff herzustellen. Im Januar 2000 feierte man in Pfinztal bei Karlsruhe die Premiere einer Technologie, mit der sich Holz verflüssigen und dadurch zu beliebigen Formen gießen lässt. Die Entwickler des Verfahrens, der Polymertechnik-Fachmann Diplom-Ingenieur Helmut Nägele und sein Kollege Jürgen Pfitzer, tauften den Werkstoff Arboform und gründeten die Firma tecnaro. Eine Erfolgsgeschichte, denn seither ist der Werkstoff in viele Bereiche der Warenproduktion eingezogen. Lignin ist günstig aus unmittelbarer Nähe zu beziehen.[27]

Aus diesem Abfallstoff der Holzwirtschaft lassen sich nicht nur stabile Verpackungen und Bauplatten herstellen. Aus dem verflüssigtem Holz lassen sich beliebige Formen gießen. Für Karosserien, Spielzeug, Instrumente und Möbel und sogar im Gebäudebau ist es einsetzbar.

Lignin lässt sich genauso zu einem Granulat verarbeiten, das an weiterverarbeitende Betriebe geliefert werden kann. Dort braucht es nur

26) *Lignin – aus Wikipedia: feste Biopolymere, die in die pflanzliche Zellwand eingelagert werden und dadurch die Verholzung der Zelle bewirken. 20 % bis 30 % der Trockenmasse verholzter Pflanzen bestehen aus Ligninen, damit sind sie neben der Cellulose und dem Chitin die häufigsten organischen Verbindungen der Erde. Die Gesamtproduktion der Lignine wird auf etwa 20 Milliarden Tonnen pro Jahr geschätzt.*

27) *Ausführliche Studie: https://www.freidok.uni-freiburg.de/fedora/objects/freidok:315/datastreams/FILE1/content*

mit Faserstoffen wie Hanf, Flachs oder Brennnessel zu einer Masse gemischt und kann dann in der Spritzguss-Maschine angewendet werden. Günstig und direkt vor Ort herstellbar, kann dieser Rohstoff für die Selbstversorgung von Kommunen und Kommunen eine lukrative Rolle spielen. Indem man Holzfasern aus Sägewerken und Waldarbeiten einsammelt und zu Lignin verarbeitet, können sich verschiedene (Handwerks-)Betriebe der Weiterverarbeitung widmen.

Wissenswertes über Lignin

Flüssiges Holz.com www.fluessiges-holz.com
tecnaro – Produkte aus Abroform www.tecnaro.de
Die Erfinder des Jahres: Flüssigholz statt Erdöl www.cicero.de/kapital/die-erfinder-des-jahres-fl%C3%BCssigholz-statt-erd%C3%B6l/41300
Flüssiges Holz statt Plastik www.ingenieur.de/Themen/Werkstoffe/Fluessiges-Holz-statt-Plastik
Flüssiges-Holz – Plastik der Zukunft www.only-one-world.de/2010/09/flussiges-holz-plastik-der-zukunft
Greenlignin www.greenlignin.de

Filme über Lignin

Abroform TECNARO https://youtu.be/0mH89M_SifA
Flüssiges Holz: HighTech für die Zukunft https://youtu.be/1F5tqNOUVyg
Plastik für den Kompost - eine Idee mit Zukunft https://youtu.be/9TMRblvqkxk

---

• Löwenzahn

Produkte: Autoreifen, Arbeitshandschuhe, Schnuller, Kondome

Die Pusteblume eignet sich nicht nur für einen leckeren und gesunden Salat. Man kann die weiße Milch des Löwenzahns zur Herstellung von Gummi verwenden. Wissenschaftler und Produzenten forschen und entwickeln intensiv, um das Verharzen der Latexmilch des Löwenzahns an der Luft zu verhindern. Die Qualität des Kautschuks kann es mit dem Gummibaum allemal aufnehmen. Leider hat die heimische Pflanze einen zu geringen Latexgehalt. Geeigneter ist der Löwenzahn aus Kasachstan, der sich hierzulande kultivieren lässt. Mit der industriellen Nutzung könnte sich eine heimische Kautschukquelle auftun und der Bedarf an Gummibaumplantagen in Asien erheblich gesenkt werden. Dies ist angeraten, da Kautschuk-Plantagen mit Umweltzerstörungen einhergehen und außerdem immer mehr Bäume von Pilzen befallen werden. Einen weiteren Vorteil hat der Löwenzahn. Er wächst schnell, ist relativ anspruchslos an den Boden und die Latexmilch lässt sich nach wenigen Monaten ernten. Der Baum braucht fünf Jahre bis er „gemolken" werden kann.

• Pilze

Wer sich näher mit Pilzen beschäftigt, also auch jenen, die nicht auf dem Speiseplan stehen, erkennt schnell, welch ausgeklügelte Natur-Intelligenz sich über Jahrmillionen im Reich der Pflanzen und Gewächse ausgebildet hat. Der Umstand ihrer relativen Unbeweglichkeit hat dazu geführt, dass Pflanzen höchst sensible Sinneswahrnehmungen entwickelt haben, auf deren Impulse sie chemisch zu reagieren wissen. Ihre Sprache und Interaktion mit anderen Pflanzen und Tieren ist eine Sprache der Sinnesreize, ein biochemisches Labor, in dem überwiegend mit Duftstoffen gearbeitet wird. Denn Düfte, das heißt Geruchsmoleküle, werden direkt von unserem Stammhirn ausgewertet. An Gerüche sind zahlreiche Informationen gebunden. Sie sind womöglich eine universelle Sprache des Lebens. Sinneszellen wissen sie für unseren Verstand zu übersetzen.

Pilze, wovon es etwa eine Million auf unterschiedlichste Umweltbedingungen spezialisierte Arten gibt, sind wahre Meister dieser Sprache, Dolmetscher, die zwischen den Pflanzen- und Tierarten vermitteln. Was an dem einen Rand des Waldes geschieht, übertragen sie unmittelbar mit ihrem Informationsnetz im Waldboden, so dass alle Lebewesen am anderen Ende des Waldes wissen, was in diesen „Organismus Wald" eingedrungen ist. Jede Pflanze und Insektenart kann sich innerhalb kurzer Zeit auf die neuen Umstände einstellen und reagieren.[28]

Pilze sind weder Pflanze noch Tier, sondern bilden eine eigene Gattung. Sie gehen ohne Beine und fressen ohne Mund. In ihrer ganzen Dimension werden diese Wesen gerade erst so richtig entdeckt. Pilzsporen lassen sich vom Wind und der Atmosphäre über große Distanzen transportieren. Manche meinen sogar, Pilzsporen leben selbst im Weltraum und spielen bei der Besiedlung von Planeten eine nicht unwesentliche Rolle.

Pilzkörper, die sogenannten Myzele, können gigantische Größen annehmen, welche die Größe von Bäumen übersteigt. Das größte und älteste bekannte Lebewesen der Erde ist ein 2.500 Jahre alter Hallimasch, der sich über sechs Quadratkilometer ausgebreitet hat. Erstaunliche Fähigkeiten besitzen sie, diese unscheinbaren Bewohner im Verborgenen. Manche Pilze wachsen bis zu einem Kilometer pro Tag.

Jeder kennt sie, die weißen, dünnen Fäden in der Erde. Man nennt sie Saprophyten (Fäulnisbewohner), Pilze, die Biomasse zersetzen und dadurch chemische Grundbausteine an die Umwelt abgeben. Nebst ihrem biologischen Nutzen sind sie die Datenautobahnen der Natur, die Netzwerker, das Nervensystem des Erdbodens. Auf einem Hektar gesundem Land können viele Tonnen an Pilzmasse leben. Sie sind neben Bakterien, Würmer, Asseln, Insekten maßgeblich an der Humusbildung beteiligt, also an der Produktion fruchtbaren Bodens. Gerade deshalb sollte die obere Erdschicht mit Sorgfalt behandelt werden. Landheger nähren solche Pilze mit totem, organischem Material, Mulch, und bereiten ihnen einen einladenden Lebensraum. Das macht den Boden und den gesamten Garten stark, was sich natürlich auf alles

28) *Die wunderbare Welt der Pilze – YouTube - www.youtube.com/watch?v=TIkQDIJhLfM Das geheime Leben der Bäume, Peter Wohlleben, Lars Michael Storm, Beat von Stein www.youtube.com/watch?v=NrdvSiAGBwU*

auswirkt, was auf und in ihm wächst. Das Ergebnis sind prächtig gedeihendes Gemüse und Obst, üppige Kräuter und eine volle Blütenpracht.

Pilze zersetzen und verwandeln für viele Lebewesen aus Flora und Fauna Biomasse in Nährstoffe. Sie regen die Wurzelbildung von Pflanzen an, oftmals im Tausch gegen Wasser und Zucker. Dieses Wissen wird bereits bei dem ehrgeizigen Projekt der «Grande Muraille Verte», Große Grüne Mauer angewendet. Vom Senegal bis Djibouti soll ein Aufforstungsprogramm die Ausbreitung der Wüste stoppen. Dabei wird karges Gebiet durch die Impfung von Pflanzen mit Glomus-Pilzkulturen, die selbst in trockenem Sand überleben, begrünt.

Für den regionalen Handel und den Aufbau von Betrieben, die nachwachsende Rohstoffe aus der Umgebung beziehen, kommen in erster Linie Speisepilze in Betracht: Champignon, Austernseitling und andere bekömmliche Speisepilze. In einer großen Scheune, einer Lagerhalle oder auf einer Wiese lassen sich Pilzbruten in die entsprechenden Nährböden impfen. Je nach Pilzsorte sind diese sehr unterschiedlich, ebenso die Wachstumsbedingungen. Pilzbruten von einigen bekannten und beliebten Speisepilzen kann man heutzutage käuflich erwerben. Ist einmal ein Areal geimpft und hat genügend Raum zur Ausbreitung, wächst das Myzel immer weiter und seine „Früchte", die Pilze, können regelmäßig geerntet werden. Ein solcher Betrieb lässt sich später um die Zucht von ökologisch oder medizinisch wertvollen Pilzkulturen erweitern.

Hefe, Blauschimmel und Penicillin sind Pilze, die einen festen Platz in unserer Kultur eingenommen haben. Aber es gibt im Reich der Pilze noch viele nützliche Fähigkeiten zu entdecken. Pilze sind Meister der Entsorgung. Wir sollten sie gezielt und vermehrt in der Landwirtschaft und vor allem auch in der Abfallwirtschaft einsetzen. Manche Pilzkulturen zersetzen Plastik und könnten damit eine bedeutsame Rolle im Naturschutz einnehmen. Ebenso lassen sich verunreinigte Böden mit Pilzkulturen sanieren. Sie ernähren sich von Kohlenwasserstoffen, die unter anderem in Erdöl und erdölbasierten Stoffen vorkommen. Alte Industriebrachen und verlassene Industriegebiete, wo die Konzentration von schädlichen Rückständen meist höher ist als bei einer Ölpest, lassen so entseuchen. Pilzkulturen sind aufgrund ihrer chitinartigen Zellwände und ihres niedrigen Salzgehaltes besonders widerstandsfä

hig. Sie trotzen Hitze und Kälte und können sich selbst in lebensfeindlichem Erdreich oft hervorragend behaupten.

Die „Pilzerei" des Solidarischen Dorfes kann völlig neue Wege der Müllverwertung entwickeln und Grundstoffe für natürliche Arzneimittel liefern.

Inspirationen zum Thema Pilze

«Grande Muraille Verte» http://grandemurailleverte.org
Deutsche Gesellschaft für Mykologie – allerlei Wissenswertes über (Speise-) Pilze www.dgfm-ev.de

Der Dschungelpilz, der Plastik frißt | Forschungs-Blog www.forschungs-blog.de/der-dschungelpilz-der-plastik-frist

Filme zu Pilzen als Rohstoff

Die wunderbare Welt der Pilze https://youtu.be/TIkQDIJhLfM
Schaumstoff aus Pilzen - Doku Galileo https://youtu.be/2OjtMOK0DMg
Pilze - Pioniere der Biotechnologie https://youtu.be/Vke_BraoyTw

---

• Ölpflanzen-Liste

Aus manchen Pflanzen lassen sich Speiseöle herstellen. Dazu braucht es eine Mühle, die das Öl auspresst. Werden die Ölpflanzen von Anbau bis Verarbeitung schonend behandelt und ihnen keinerlei Zusatzstoffe beigesetzt, entsteht daraus eine Kostbarkeit. Kaltgepresste Speiseöle enthalten wertvolle Nährstoffe.

Borretsch	Distel	Hanf
Haselnuss	Kürbiskerne	Lein
Mohn	Nachtkerze	Schwarzkümmel
Senf	Sonnenblume	Walnuss

- **Miscanthus**

siehe Kapitel 2.7 – ARCHITEKTUR

- **Seegras**

siehe Kapitel 2.7 - ARCHITEKTUR/Dämmstoffe

- **Schilf**

siehe Kapitel 2.7 - ARCHITEKTUR/Dämmstoffe

- **Stroh**

siehe Kapitel 2.7 – ARCHITEKTUR/Dämmstoff

- **Weide**

Produkte: Körbe, Möbel, Baumaterial

Wissenswertes über Nachwachsende Rohstoffe (NaWaRo)

Fachagentur Nachwachsende Rohstoffe e. V. (FNR) - Mediathek des Bundesministerium für Landwirtschaft mit zahlreichen Broschüren http://mediathek.fnr.de
Nachwachsende Rohstoffe - Die Zukunft vom Acker
www.nachwachsende-rohstoffe.biz

• Abfallvermeidung und Wiederverwertung (Upcycling)

Eine Menge von dem, was wir täglich wegwerfen, lässt sich in irgendeiner Form wiederverwenden. Mittlerweile gibt es einige Internet-Plattformen, die sich mit „Upcycling" beschäftigen, also dem Aufwerten und/oder der neuen Sinngebung von Abfallstoffen. Abfall gar nicht erst entstehen zu lassen, ist Kern einer Kreislaufwirtschaft. Deshalb werden Rohstoffe verwendet, die biologisch abbaubar sind. Bei solchen Warenherstellungen können Abfallstoffe von anderen Betrieben als Rohstoffe wiederverwendet werden.

Die Kooperative des Solidarischen Dorfes trägt Möglichkeiten zusammen, wie sie Kunststoffe und andere erdölbasierte Produkte ersetzen kann. Im Regionalwaren-Laden wird auf Plastik-Verpackungen möglichst verzichtet. Sogenannte „Unverpackt-Läden" eröffnen in immer mehr Orten. Kunden bringen ihre Abfüllgefäße für Getreide, Hülsenfrüchte, Saaten und Teigwaren mit. Lose angebotene Obst- und Gemüsewaren tragen sie in Papiertüten, Leinenbeuteln, Weiden- und Schilfkörben nach Hause.

Betrachten wir uns in diesem Kapitel, wozu sich unser Haus- und Kommuneabfall verwenden lässt, und welche regionalen Betriebe sich dessen Wiederverwertung annehmen können.

• Altpapier

Eine Dorf-Manufaktur kann aus Altpapier verschiedene Produkte für den Haushalt herstellen: Papiertüten, Toilettenpapier, Schulhefte, und

Tapeten. Altpapier kann auch als Dämmstoff in der Architektur Verwendung finden. In die Papier-Manufaktur des Dorfes lässt sich ein Verfahren integrieren, bei dem man zusätzlich aus Stroh Papier herstellen kann[29]. Grundsätzlich ist hierbei zu bedenken, dass Druckerschwärze ein umweltfeindlicher Stoff ist. Das Abwasser bei der Papierschöpfung muss demnach als Sondermüll entsorgt werden. Hier wäre es ökoligent, herauszufinden, ob es Pilzkulturen gibt, die Appetit auf Druckerfarben haben. Anregungen für eine Cradle-to-Cradle-Papierproduktion kann man sich bei der österreichischen Firma Gugler holen.

• Bioabfälle

Organische Abfälle sind grundsätzlich zu kompostieren, sowohl daheim als auch in der Kommune. Garten- und Küchenabfälle sowie Grünschnitt werden in erster Linie in der Kompostierungsanlage der Gärtnerei gebraucht. Sie verwandelt die Biomasse in wertvollen Humus. Der Abbau von Torf kann drastisch gesenkt werden, wenn die Nachfrage nach Pflanzerde von der „Komposterei" abgedeckt wird.

Torf ist kein nachwachsender Rohstoff und seine industrielle Verwendung von daher nicht ökoligent. Moore, die für die Torfproduktion trockengelegt werden, erfüllen eine wichtige biologische Rolle. Sie sind hochspezialisierte Biotope und Wasserspeicher, die große Regenmengen aufnehmen können. In ihnen bildet sich mehr Biomasse, als zersetzt wird. Jährlich wächst der Moorboden um einen Millimeter, in tausend Jahren um einen Meter. Der Torfabbau zerstört also Erdschichten, die über Jahrtausende gewachsen sind. Hochmoore, die nur von Regenwasser gespeist werden, produzieren jährlich etwa acht Tonnen Biomasse pro Hektar. Nährstoffreiche Niedermoore bringen es auf die doppelte Menge und stehen damit in ihrer Produktivität Laubwäldern in nichts nach. Ein Solidarisches Dorf sollte Moore lediglich dazu nutzen, Schilf, Röhricht und Gräser zu ernten.

Die Komposterei oder auch die Pyrolyse vollziehen das, wofür Moore Jahrhunderte benötigen, in wenigen Wochen oder Tagen. Bringen wir

29) http://www.gute-nachrichten.com de/2012/07/umwelt/neues-verfahren-aus-china-verwandelt-stroh-inpapier/

Humus in die Erde unserer Gärten und Äcker ein, tragen wir damit unmittelbar zur Fruchtbarkeit und Speicherfähigkeit heimischer Böden bei. Der Reichtum solcher Böden an Nährstoffen und Pilzkulturen macht den Einsatz von chemischen Giften zur Schädlingsbekämpfung überflüssig. Auf nährstoffreichen Böden wachsen gesunde und abwehrkräftige Pflanzen; ein kräftiges Netzwerk an Pilzkulturen und Mikroorganismen sorgt für das biologische Gleichgewicht.

Wo auch immer Bioabfälle anfallen, in Küchen, Restaurants, Kantinen, bei Gärtner- und Forstarbeiten und als Herbstlaub – sie sind ein wertvolles Gut, besonders dann, wenn wir die Bioabfälle kaum noch dafür verwenden, Biogas daraus zu gewinnen.

• Holzreste

Im späten Winter sehen wir entlang der großen Straßen jede Menge Haufen von Astschnitt. Daraus werden meist Hackschnitzel, die sich als Mulch im Garten einsetzen lassen oder aber den Heizungsbrenner im Keller füttern. Wege- und Straßenränder müssen jedes Jahr vom Wuchs freigehalten werden. Es ist erstaunlich, welche Mengen an Holzresten alljährlich in der Landschaftspflege anfallen. Ein Konzept zu entwickeln, diesen Rohstoff zu nutzen, macht also Sinn.

Holzreste aus Hecken- und Baumschnitt, Sägewerken und Schreinereien gehören letztlich nicht in den Ofen. Soll aus dem Holz Energie gewonnen werden, sollte es besser in die Pyrolyse gelangen, die daraus Biokohle (die zur Herstellung der Terra Preta benötigt wird) und Wasserstoff gewinnt.

• Altglas

Flaschen und Gefäße aus Glas für Getränke und Nahrungsmittel sollten Kunststoff-Verpackungen grundsätzlich ablösen. Altglas wird im Solidarischen Dorf nicht mehr einfach nur in die Glascontainer geworfen. Es wird in der Früchterei und Safterei benötigt und zum Abfüllen und Einlegen der regionalen Ernte wiederverwendet.

Unter Umständen besteht die Möglichkeit, einen Schmelzofen zu betreiben, der das Glas bei 1.600 Grad einschmilzt. Dann kann es zu neuen Produkten geformt werden. Dazu braucht es allerdings ein ökologisches Energiekonzept, da die Glasschmelze energieintensiv ist.

• Altmetalle

Altmetalle sind ein wertvoller Rohstoff, sobald es eine Schmiede im Ort gibt. Vielleicht ließen sich die Schmelzöfen für Glas und Metall energieeffizient gemeinsam betreiben. Die weltweiten Vorkommen von Metallen wie Kupfer und Silber schwinden dramatisch. Der Abbau hinterlässt große Umweltschäden und verursacht menschliches Leid. Deshalb ist es angeraten, auf die Verwendung von Metallen wo immer möglich, zu verzichten. Die Biotechnologie entdeckt immer wieder neue Stoffalternativen. Beispielsweise können Karosserien von Fahrzeugen und Maschinen sowie Gehäuse von Geräten aus Lignin oder Hanf hergestellt werden (siehe oben).

• Kaffeesatz

Kaffeesatz ist ein wertvoller Rohstoff. Getrocknet kann man ihn als Putzmittel, Kosmetik, Dünger oder Geruchsneutralisator einsetzen. Es gibt bereits Unternehmen, die das braune Pulver einsammeln und weiterverarbeiten.

Ein deutsches Unternehmen hat gar ein Verfahren entwickelt, aus Kaffeesatz, Geschirr zu designen. Bindemittel und Brennvorgang machen es möglich, das Pulver zu Formen zu „gießen", die hinterher nicht nur farblich an Kaffee erinnern, sondern auch noch danach riechen.[30]

Ein Bremer Künstler fügt dem Kaffeesatzpulver ein organisches Bindemittel hinzu und erhält eine geschmeidige Modelliermasse, die ohne Brennvorgang aushärtet und hart wie Holz wird. Er fertigt daraus Lampenschirme.

---

30) Kaffeeform www.kaffeeform.com Kaffeesatz – das neue Gold? - www.youtube.com/watch?v=TfbvsVx3Fqk&feature=youtu.be

In Taipei, der Hauptstadt von Taiwan, sammelt ein Unternehmen jeden Tag 500 kg Kaffeesatz in Cafés und Restaurants ein, um Textilien daraus herzustellen, die Schweißgerüche neutralisieren. Gerade bei Sportbekleidung macht das natürlich Sinn. Der FC Liverpool hat solche Trikots bereits.

In London kam ein Unternehmer auf die Idee, Kaffeepulver zu Briketts zu pressen. Zuvor hatte er es bereits geschafft, daraus Treibstoff herzustellen. Um einen Eindruck der anfallenden Mengen an Kaffeesatz zu bekommen: In London fallen jährlich etwa 200.000 Tonnen Kaffeesatz an.

Das sind typische Beispiele, wie ein einzelnes Abfallprodukt ein ökoligenter Rohstoff werden und florierende Betriebe initiieren kann.

Kaffeesatz als Dünger

Der niedrige ph-Wert von Kaffeesatz verbessert die Beschaffenheit der Erde für Garten- und Topfpflanzen und reichert sie mit Nährstoffen wie Stickstoff (Blattwachstum), Kalium (Zellenaufbau und Stabilität) und Phosphor (Blüten- und Fruchtbildung) an. Gekaufte Dünger enthalten im Wesentlichen nichts anderes. Den Dünger kannst du auf verschiedene Weise einsetzen. Entweder harkst du das Pulver in die Beeterde ein oder verteilst es ringförmig als zusätzlichen Schutz vor Ameisen um die Pflanzen herum. Genauso kannst du es mit Wasser verdünnen und als Gießwasser einsetzen, was bei Zimmerpflanzen die bessere Variante ist, da das Pulver dazu neigt, schnell zu schimmeln. Eine Überdüngung ist ausgeschlossen, da die Konzentrationen an Wirkstoffen zu niedrig ist. Bringst du es in den Kompost ein, ziehst du Regenwürmer an, die für die schnelle Zersetzung des Blattmaterials im Kompost sorgen.

Kaffeesatz zur Schädlingsabwehr

Zu Abwehr von Ameisen nützt Kaffeesatz, weil der geruchsneutralisierende Effekt des Kaffeepulvers die Duftspuren zerstört, die Ameisen hinterlassen, um Wege zu Nahrungsquellen zu markieren. Wühlmäuse mögen das Pulver in ihren Eingängen gar nicht so gern. Sie meiden das Zeug. Schnecken haben angeblich eine Abneigung gegen das spröde Pulver.

Kaffeesatz als Geruchsneutralisator

Kaffeepulver nimmt Fremdgerüche auf und neutralisiert sie damit. Ein Schälchen davon im Kühlschrank, vertreibt hervorstechende Gerüche von Lebensmitteln. Die gleiche Wirkung entfaltet es in der Wohnung von Rauchern oder in der Küche, um Essensgerüche zu vertreiben. Wer es nach dem Schneiden von Zwiebeln oder Knoblauch als „Seife" einsetzt und die Hände damit wäscht, bannt damit den unangenehmen Geruch auf der Haut. Du kannst zu diesem Zwecke das Pulver auch in Seifenspender und Duschgel einbringen. Im Shampoo bewirkt es eine leichte Brauntönung des Haares.

Kaffeesatz als Hautpflegemittel

Aufgrund seines Schmirgeleffektes lässt sich das Pulver genauso gut als Pflegemittel für die Haut einsetzen. Es entfernt Unreinheiten und wirkt hautglättend, auch bei Cellulite.

Kaffeesatz als Reiniger

Das krümelige Pulver ist bestens geeignet, um wie eine Scheuermilch Grill und Öfen von eingebrannten Rückständen zu befreien und Böden gründlich zu reinigen.

2.6 HANDWERK & HANDEL

Schöpferischer Mensch - Meister der Verwandlung

Die Geschichte der Kulturen ist eine Geschichte der Rohstoffe. Sie ist geprägt vom handwerklichen Geschick, diese zu nutzen und zu verarbeiten, von der Kunst, Materie zu verwandeln, aus Getreide Brot zu backen, aus Ton Gefäße zu brennen, aus Erz Werkzeuge zu schmieden, aus Holz Häuser zu bauen. Der schöpferische Mensch zeichnet sich unter anderem dadurch aus, dass er vorhandenes Naturmaterial zu nützlichen Gegenständen zu verarbeiten weiß. Das ermöglicht ihm ein wohlständiges Leben in der Gemeinschaft, in der durch Aufgabenteilung seine Grundbedürfnisse weitgehend befriedigt sind.

Ist ihm dieses sichere Lebensumfeld gegeben, entsteht jene Sorglosigkeit, in der sich andere Teile seines Wesens entfalten können: das Gefühl, die Poesie, das Bewusstsein für und die Hingabe an die Schönheit der Schöpfung. Seine Gabe zur Kreativität findet in der Kunst ihren höchsten Ausdruck, in Musik, Tanz, Malerei, Theater, Kunsthandwerk und Architektur. Das sind die Schätze einer Kultur, die wir in Museen und an antiken Plätzen bewundern. Eine Gesellschaft macht reich, was Kunst und Handwerk an Ergebnissen hervorbringen. Wer kulturelle

Blüten und Früchte wachsen lassen will, der versorge den Menschen gut. Das ist seine ihm ureigene Kraft: erfinderischer und schöpferischer Künstler zu sein.

In Solidarischen Orten nehmen nachwachsende Rohstoffe deshalb einen zentralen Platz ein. Orte sind reich, wenn sie direkt vor der Haustür Rohstoffe für Handwerk und Handel zur Verfügung haben. Früher waren es Minen, aus denen Kohle, Salz und Metalle als Schätze gehoben wurden. Solche Vorkommen erschöpfen sich und bieten Wohlstand nur für begrenzte Zeit. Rohstoffe, die immer wieder nachwachsen, stellen hingegen einen dauerhaften Wert dar. Gerade dann, wenn aus Naturstoffen Waren hergestellt werden, deren Nachfrage kontinuierlich bestehen bleibt, weil sie der Grundversorgung dienen. Das sind vor allem: Nahrung, Kleidung, Textilien, Heilmittel und Baustoffe. Je nachdem, wie umfangreich ihr in Solidarischen Orten die Selbstversorgung vorantreibt, wird sich im Laufe der Zeit das Angebot an „grünen Rohstoffen" stetig erweitern (müssen), um die Betriebe zu versorgen, die sie verarbeiten.

Unsere Epoche ermöglicht uns einen tiefgreifenden, kulturellen Wandel. Wir sind imstande, mit unserem Wissen Überfluss herzustellen. Wenn wir uns dem Anbau nachwachsender Rohstoff widmen, entsteht Fülle und natürliche Rohstoffe können mehr und mehr künstliche und meist umweltunverträgliche Materialien verdrängen. Neue Erkenntnisse in der Biotechnologie haben zur Entwicklung von Verfahren geführt, mit denen sich Öl, Kohle, Metalle und Kunststoffe durch nachwachsende Rohstoffe ersetzen lassen. Und diese können „vor der Haustür" unsere Kommune schmücken. Das ungeheure Potential, das im Anbau solcher Pflanzen steckt, haben bislang nur wenige wirklich entdeckt. Die Nutzung nachwachsender Rohstoffe zieht unweigerlich Unternehmensgründungen nach sich. Je vielfältiger ein Naturstoff ist, um so mehr Menschen können an dessen „Veredelung" mitwirken. Solcherlei Betriebe können zum Motor für eine regionale Wende werden, weil sich durch deren Export auch kühnere Projekte finanziell umsetzen lassen.

Informiert euch bei der Kommune oder Stadtverwaltung über Förderprogramme, die für den Anbau und die Nutzung von nachwachsenden Rohstoffe bereitstehen. In erster Linie ist das das Bundesministerium für

Ernährung und Landwirtschaft (BMEL), das mit der Fachagentur Nachwachsende Rohstoffe (FNR) umfassend darüber informiert.

In diesem Kapitel sollst du eine Vorstellung davon bekommen, welche Möglichkeiten sich durch den Anbau nachwachsender und Nutzung natürlicher Rohstoffe auftun. Auf den folgenden Seiten findest du eine Übersicht über die Anwendungsmöglichkeiten mancher heimischen Pflanzen.

• Altes Handwerk neu beleben

Nachhaltige Rohstoffe als Grundlage für ein Handelsnetz Solidarischer Dörfer

Im Naturreich kooperieren Pflanzen und Tiere zum gegenseitigen Nutzen. Pilze kooperieren mit Bäumen, Insekten mit Blüten, Tiere mit Pflanzen, indem sie deren Samen verstreuen – ein wahrhaft fairer Handel, der sich in den vergangenen Jahrmillionen als wirkungsvoller erwiesen hat als das Jeder-Gegen-Jeden-Prinzip. Das soll uns ein Vorbild sein. Die Natur beobachten und begreifen und von der Intelligenz der Evolution lernen.

Genau das geschieht innerhalb eines wachsenden Netzes von selbstversorgenden Kommunen. In diesem Bund muss nicht jedes „Dorf" alles selbst herstellen, wenn es mit seinen eigenen Waren gute Tauschgeschäfte tätigen kann. Handel ist Kooperation und Ergänzung, wenn beide Seiten einen Zugewinn begrüßen können. Früher gewährleistete das Handwerk eine bestmögliche Versorgung der Kommunen. Daraus entwickelten sich die Städte, Freiräume des kulturellen Lebens, die Unabhängigkeit und oft auch Reichtum ermöglichten.

Die systematische Industrialisierung und Monopolisierung von Produktionsstätten hat uns in eine wachsende Abhängigkeit getrieben. Nicht mehr der Mensch steht im Vordergrund, sondern Geld und Macht. Heutzutage bluten immer mehr Betriebe in Dörfern und Kommunen aus, weil durch Massenproduktionen und mit synthetischen Materialien Waren entstehen, die das traditionelle Handwerk so billig nicht

produzieren kann. Die Qualität ist dabei auf der Strecke geblieben. Einweg- und Wegwerfprodukte haben in großem Stil Einzug gehalten. Man besitzt Dinge nicht mehr über viele Jahre oder Generationen. Sie sind auf Verschleiß konzipiert, um die Nachfrage künstlich aufrecht zu erhalten. Die Flut an Verpackungen, die notwendig zu sein scheint, um Waren transportfähig zu machen, verunreinigt inzwischen sogar die riesigen Weltmeere.

Diese Zustände können sich erst ändern, wenn wir Alternativen zum Konsumverhalten der Menschen anbieten können. Können Waren für den täglichen Bedarf vor Ort hergestellt werden und ist die Produktion nicht auf maximierte Gewinne ausgelegt, lässt sich diese kapitalistische Fehlentwicklung korrigieren. In einem selbstversorgenden Solidarischen Dorf kann ein reiches Sortiment an Waren entstehen. Durch den wachsenden, regionalen Tauschhandel benötigen wir dann weitaus weniger Geld, um die täglichen Bedürfnisse abzudecken. Arbeit in Industriebetrieben ist dann weniger nötig. Diese Arbeitsplätze werden sowieso in rasantem Tempo durch Automatisierung und Digitalisierung abgebaut.

Um einen Eindruck zu bekommen, welche Möglichkeiten bestehen, mittels nachwachsender Rohstoffe und regenerativer Ressourcen eine regionale Selbstversorgung zu erlangen, sei an dieser Stelle eine Übersicht gegeben.

Liste klassischer Betriebe:

Algerei
Rohstoffe: Algensorten
Produkte Energie, Treibstoff, Nahrung, Arznei
Bäckerei
Rohstoffe: Roggen, Dinkel, Gerste, Hafer, Einkorn
Produkte: Brot, Backwaren, Teigwaren
Öko-Baustoff-Handel
Rohstoffe: Hanf, Stroh, Schilf, Lehm, Miscanthus, Bihutherm, Bambus
Produkte: Hausbau, Dämmung
Brauerei
Rohstoffe: Gerste, Hopfen
Produkte: Bier
Buchbinderei und Papier-Schöpferei
Rohstoffe: Hanf, Holz, Schilf, Stroh, Altpapier + - textilien
Produkte: Papier, Kartonagen, Tapeten, Kunsthandwerk
Färberei
Rohstoffe: Färberpflanzen
Produkte: farbige Textilien, Malfarben
Filzerei
Rohstoffe: Wolle
Produkte: Kleidung, Schuhe, Textilien
Flechterei & Seilerei
Rohstoffe: Flachs, Hanf,
Produkte: Körbe, Matten, Schnüre, Seile, Stricke
Früchterei
Rohstoffe: Obst, Beeren, Wildfrüchte
Produkte: Marmelade, Saft, Mus, Kompott, Konserven, Essig
Gärtnerei & Komposterei
Rohstoffe: Bioabfälle
Produkte: Humus, Pflanzerde
Gewächshaus-Bauer
Rohstoffe: Holz, Glas, Folien
Produkte: Dome und Gewächshäuser
Glashütte
Rohstoffe: Sand, Altglas
Produkte: Flaschen, Fenster, Kunsthandwerk
Hausbauer
Rohstoffe: Holz, Lehm, Stroh, Hanf, Leinen
Produkte: Öko-Häuser, Zelte und Jurten
Imkerei
Rohstoffe: Bienenwaben
Produkte: Honig, Wachs, Propolis
Käserei
Rohstoffe: Milch, Süss-Lupinen

Produkte: Joghurt, Käse, Butter, Quark
Kräuterei
Rohstoffe: Kräuter, Heilpflanzen
Produkte: Tee, Gewürze, Salben, Tinkturen, Kosmetika, Arznei
Landhegerei
Rohstoffe: Biomasse, Saatgut
Produkte: Humus, Jungpflanzen, Biotope, Obst, Lebensmittel, Ölpflanzen-Felder
Lehm- und Ofenbauer
Rohstoffe: Ton, Stein, Lehm
Produkte: Grundöfen, Kachelöfen, Wandheizungen
Müllerei
Rohstoffe: Getreidesorten
Produkte: Mehl
Öl-Mühle
Rohstoffe: Kerne und Saaten
Produkte: Speiseöle
Pilzerei
Rohstoffe: Champignons, Seitlinge, Pilzkulturen
Produkte: Speise-Pilze, Kunstoff-Entsorgung, Arznei
Schäferei
Rohstoffe: Schafswolle
Produkte: Textilien, Decken
Schmiede
Rohstoffe: Altmetalle
Produkte: Werkzeuge, Nägel, Schrauben, Beschläge
Schneiderei
Rohstoffe: Stoffe aus Hanf und Leinen
Produkte: Textilien, Schuhwerk, Mützen, Schals
Schreinerei und Tischlerei
Rohstoffe: Holz aus nachhaltiger Forstwirts., Lignin
Produkte: Möbel, Treppen und Hausbau
Schusterei
Rohstoffe: Leder, Wolle
Produkte: Schuhwerk
Senferei
Rohstoffe: Senf- und Kräuterfelder
Produkte: Senf
Töpferei
Rohstoffe: Ton
Produkte: Geschirr und Haushaltswaren
Weberei
Rohstoffe: Wolle, Hanf, Flachs
Produkte: Stoffe, Decken, Teppiche,
Weiderei
Rohstoffe: Weidenholz
Produkte: Körbe, Möbel, Weidenbauten

2.7 ARCHITEKTUR

Bauen und Wohnen mit gesunden Rohstoffen

Einige Menschen kommen mit ökologischen Überlegungen erstmals in Kontakt, wenn sich bei ihnen alles um den Bau oder die Sanierung eines Eigenheimes dreht. Bei der Planung will bedacht sein, welche Technologien integriert und welche Baustoffe verwendet werden.

Es ist keine Wunschvorstellung mehr, ein Haus zu entwerfen, das Stromüberschüsse produziert, Regenwasser zu Trinkwasser aufbereitet sowie Hausmüll und Brauchwasser recycelt. Technologien, Baustoffe und Verfahren, die das bewerkstelligen können, stehen zur Verfügung .

Was anfangs zusätzliche Kosten verursacht, wird in absehbarer Zeit zu lohnenden Kosteneinsparungen führen. Aus früheren Fixkosten werden auf lange Sicht Einnahmen, gerade dann, wenn das Haus zu einem Kraftwerk wird, das mehr Strom und Trinkwasser herstellt, als es verbraucht. Die Ökoligente Architektur denkt weitreichend und langfristig. Sie konzipiert Gebäude, die nachwachsende Rohstoffe und unbegrenzte Natur-Ressourcen nutzt, und sorgt auf diese Weise für eine umweltschonende Bauweise.

- Welche Baumaterialien will ich für Hauswände und Dämmung verwenden?
- Welche Kriterien soll das Dach erfüllen?
- Auf welche Weise beheize ich das Haus und woher beziehe ich den Strom?
- Welche regenerativen Energiequellen sind für mein Haus günstig zu beziehen?
- Welche grünen Technologien eignen sich dafür, ein unabhängiges Trink- und Brauchwasser-System zu integrieren?
- Wohnen in atmenden Wänden - Die Vision vom autonomen Haus
- Wie entsorge ich Fäkalien nutzbringend?

• Das Haus als Lieferant von Ressourcen

Wohnen in atmenden Wänden - Die Vision vom autonomen Haus

Das Haus des 21. Jahrhunderts bekommt eine völlig neue Rolle. War es bisher in erster Linie ein Verbraucher von Ressourcen, wird es nun zu einem Energiekraftwerk, einer Trinkwasserquelle und einem Biomasse-Umwandler. Es ist ein Bau, der fast komplett aus nachwachsenden Pflanzen- und Naturrohstoffen errichtet wurde. Das Gebäude sammelt und erntet auf mehrfache Weise Energie aus der Umgebung, beispielsweise mit einem Dach aus Solarziegeln, wo sich eine vertikale Windturbine (Info im Kapitel 2.4. – ENERGIE) dreht und mit Fenstern, die mit transparenten Solarfolien beschichtet sind. Wände aus Hanfbeton, Lehm und Stroh sorgen für wenig Energieverlust. Flachs-, Hanf- und Miscanthusmatten dämmen das Haus, reduzieren den Schall und neutralisieren Elektrosmog. Zur weiteren Dämmung von Dach und Zwischendecken wird Wolle oder Seegras verwendet. Fenster- und Türrahmen, Geländer und Aufbauten sind aus dem Flüssigholz Lignin gefertigt.

Im Keller befindet sich eine Brennstoffzelle, die mit dem Bio-Wasserstoff aus der regionalen Pyrolyse-Anlage (Info im Kapitel 2.4. – ENERGIE) gespeist wird.

Das Haus produziert mit seinem Energie-Mix mehr Strom, als es für Heizung, Strom, das Betanken des Elektro-Autos und dem Betrieb des Dome-Gewächshauses im Garten benötigt. Die Überschüsse speist es ins regionale Energienetz ein.

Das Regenwasser wird in unterirdischen Zisternen aufgefangen und als Brauchwasser in das sanitäre Netz eingespeist. Das Brauchwasser wiederum wird in einem Umkehr-Osmose-Verfahren (Info im Kapitel 2.3. – WASSER) gereinigt und mittels gedrehter Kupferrohre verwirbelt, um die Cluster (gespeicherte Informationen, beispielsweise auch von Giftstoffen und Medikamenten) im Wasser aufzulösen und in Trinkwasser umzuwandeln. Nebelnetze auf der Wetterseite fangen zusätzlich Wasser aus feuchter Luft auf.

Exkremente und jedweder nichtbiologische Abfall werden einer Pyrolyse-Anlage zugeführt, die aus organischen und nichtorganischen Abfällen Biokohle und Bio-Wasserstoff herstellt. Die Biokohle gelangt in die Landhege zur Produktion von Terra Preta. Der Bio-Wasserstoff gelangt in die Brennstoffzelle im Haus oder wird als Treibstoff für Autos mit Brennstoffzellen-Motor oder Gas-Antrieb verwendet. In der Garage neben dem Haus gibt es eine Elektro-Tankstelle für Autos und Elektroräder.

Die organischen Abfälle aus der Küche wandern direkt in den Keller in einen Wurmkomposter. Der entstehende Humus wird kontinuierlich in den Garten eingebracht. Überschüssige Biomasse aus Gras-, Hecken- und Baumschnitt sowie Unkraut aus dem Garten wird ebenfalls der Pyrolyse-Anlage oder einer regionalen Kompostierungsanlage zugeführt.

• Baumaterialien

Hanf

Ausführlich im Kapitel 2.5 – Natürliche ROHSTOFFE

Miscanthus

Produkte: Bau- und Dämmstoff, Lärmschutz, Lehmbau, Spanplatten, Torfersatz, Kultursubstrat, Blumentöpfe, Biokunststoff, Tiereinstreu, Pellets

Miscanthus (Chinaschilf)[31] wächst schnell und lässt sich unter guten Umständen, also langen Vegetationsperioden, mehrmals im Jahr ernten. Das anspruchslose und widerstandsfähige Schilf kann auf Böden mit guter Wasserversorgung und Durchlässigkeit bis in Höhen von 700 Metern angebaut werden; es lässt sich auch auf Brachflächen oder in Feuchtgebieten anpflanzen. Man kann Miscanthus zu Acker-Hecken oder an Waldränder als natürlichen Tierzaun pflanzen. Ein Miscanthusfeld kann bis über 20 Jahre lang genutzt werden. Das zerhäckselte Pflanzenmaterial eignet sich sowohl als Kultursubstrat im Gemüseanbau als auch als Bestandteil von ökologischen Baustoffen. Allem voran dient die Biomasse dem Biomasse-Heizkraftwerk.

Infos zu Miscanthus

Miscanthus	http://www.miscanthus.de
Energiepflanzen	http://www.energiepflanzen.com/miscanthus-elefantengras
Miscanthus-Portal	http://www.miscanthus-portal.de
Miscanthus Rhizome	http://www.miscanthus-rhizome.de

---

31) Das als Riesen-Chinaschilf bekannte schnellwüchsige, mehrjährige, bis zu 4 Meter hoch werdende Gras (Miscanthus giganteus) ist aufgrund seines hohen Brennwertes zur Verwendung als nachwachsender Lieferant von Biomasse, Brennstoff, Baustoff oder Einstreu in der Tierhaltung besonders geeignet.

• Stroh-Lehm-Haus & Strohballenhaus

Der Lehmbau erfreut sich einer Renaissance, weil Architekten und Bauherren erkennen, dass Stroh, in Verbindung mit Lehm, hervorragende Baueigenschaften besitzt. Das Gemisch ist stabil, hält ein Haus trocken, ist temperaturregulierend und atmungsaktiv. Außerdem glänzt ein Raum mit Wänden aus Lehm und Stroh mit einem angenehmen Raumklima, denn sogar elektromagnetische Strahlungen werden durch solche Wände gemindert. Zum mobilen Telefonieren muss man dann eventuell vor die Tür gehen.

Das klassische Strohhaus kann selbst bei der Bodenplatte des Fundamentes auf Beton verzichten. Stroh, das mit Druck zu Ballen verdichtet und mit einem Lehmputz versiegelt wird, kann einem Feuer lange trotzen. Für Mäuse ist eine solche Wand eher mühsam und wenig ertragreich, weshalb die Bedenken, Strohwände seien Brutplätze für Nagetiere, nicht zum Tragen kamen. Stroh ist eine stetig anfallende „grüne Ressource", die leicht regional bezogen werden kann. Ein Strohballenhaus kann auf Beton und Ziegelsteine verzichten und benötigt lediglich ein stabiles Gefach aus Holz. Du kannst dir sicher sein, dass im Stroh keine unliebsamen Stoffe verbaut wurden, wie das bei manch anderem Bau- und Dämmstoff der Fall ist.

Der größte Nachteil von Stroh ist, dass es anfällig für Feuchtigkeit ist. Es ist deshalb ratsam, sein Strohhaus so zu konzipieren, dass das Dach einen größeren Überstand hat, damit Regen nicht direkt auf die Hauswände trifft. Der Lehmputz sollte zügig aufgetragen werden, nachdem die Strohballen verbaut worden sind. Eine zusätzliche Kalkschicht auf der Außenwand hält Schimmelpilze fern. Im Innenbereich des Strohhauses muss natürlich ebenfalls mit einem Lehm- und Kalkputz dafür gesorgt werden, dass Schwitzfeuchte nicht in die Wände eindringt. Je sorgfältiger gearbeitet wird, desto weniger Scherereien gibt es im späteren Verlauf. Aber das sind die Herausforderungen bei jeder Art von Haus und kein besonderes Problem des Strohballenbaus.

Alles zum Thema Stroh und Lehm

Fachverband Strohballenbau http://www.fasba.de
Konstruktionen zum Strohballenbau
http://www.baubiologie.at/asbn/strohbau_technik.html
Strohhaus www.strohhaus.com
Dachverband Lehm e.V. › Bundesverband zur Förderung des Lehmbaus
http://www.dachverband-lehm.de
Europäische Bildungsstätte für den Lehmbau http://www.earthbuilding.eu
Lehmolandia http://www.lehmolandia.de
Lehmladen http://www.lehm-laden.de

• Dämmstoffe

Bei der Wahl der Dämmung fällt im breiten Sortiment natürlicher Stoffe die Entscheidung schwer. Ersatz für die oft bedenklichen, künstlichen Materialien (brennbar, nicht atmungsaktiv, umweltbelastend) wie Styropor gibt es reichlich.

Je nachdem, wo du lebst, kommen unterschiedliche Rohstoffe aus der Region in Betracht. Die Dämmung von Häusern sollte atmungsaktiv sein, also Feuchtigkeit aufnehmen und abgeben können. Das Dämmmaterial sollte zudem selbst wehrhaft gegen Pilzbefall und Fäulnis sein, um spätere Schäden am Haus zu vermeiden. Zudem sollte das Material schwer entflammbar sein, um die Brandgefahr zu mindern.

Übersicht Ökologische Dämmstoffe
http://www.energieberater-lorsch.de/daemmstofftabelle.php
Naturpfad Baubiologische Fachberatung
http://www.naturpfad-darmstadt.de/html/daemm.html#a
Ursprung – natürliche Dämmstoffe
http://www.ursprung-baubiologie.de/Dammstoffe/dammstoffe.html
Naporo Dämmstoffe - Schilfrohr, Hanf http://www.naporo.com

Flachs

Flachs gehört zu den Dämmstoffen mit den besten Wärmedämmeigenschaften. Flachs (und Hanf) haben eine hohe Formbeständigkeit, schrumpfen also nicht. Durch natürliche Bitterstoffe sind beide Pflanzen resistent gegen Schädlingsbefall durch Insekten oder Nagetiere. Sie erfüllen zudem alle Ansprüche an Wasserbinde- und Brandverhalten.

Rohrkolben-Schilf

Schilf (lat. Typha) ist eine ausdauernde Wildpflanze, die in Feuchtstandorten auf unterschiedlichsten Böden wächst. Das natürliche Vorkommen in allen Klimazonen würde ausreichen, um ein Vielfaches des derzeitigen Bedarfes zu decken. Schilfrohr muss im Herbst (nach der Brutzeit) dicht über der Wasseroberfläche geschnitten werden, damit neue Triebe nachwachsen können. Das abgeschnittene Material wird gebündelt und zu Dämmplatten gepresst. Kommunen, in denen es Feuchtgebiete gibt, können dort Schilf ansiedeln und umweltschonend einen Natur-Rohstoff gewinnen.

Seegras

Seegrasfasern werden aus sog. „Neptun- oder Meerbällen" (Posidonia oceanica) gewonnen, die an Stränden rund um das Mittelmeer zu finden sind. Die abgestorbenen Pflanzenteile werden durch die Wellen zu Kugeln gerollt. Dieser Rohstoff kommt in großen Mengen vor, ist nachwachsend und besitzt hervorragende Eigenschaften. Als lebende Pflanze produziert Posidonia oceanica viel Sauerstoff und schützt Strände vor Erosion. Die Fasern des Seegrases sind wegen ihres hohen Silikatgehaltes schwer entflammbar, resistent gegen Pilze, Schädlinge und Fäulnis. Allerdings ist der Einbau nur ratsam in vor Feuchtigkeit, Niederschlag und Bewitterung geschützten Bereichen. Seegras eignet sich nicht als Perimeterdämmung[32].

Seegras gibt es auch von der Ostsee zu beziehen. Dort stirbt es im Herbst ab und wird in großen Mengen an die Küsten angespült. Noch wird es oft aufwändig entsorgt, um Urlaubern saubere Strände anbieten zu können. Anstatt es zu entsorgen sollte es von den Kommunen an der Ostsee systematisch geerntet und verarbeitet werden.

FNR http://www.natur-baustoffe.info/daemmstoffe/materialien/seegras
Neptutherm http://www.neptutherm.com
Seegras von der Ostsee http://www.seegrashandel.de
Seegras ist besser als Styropor http://www.everyday-feng-shui.de/feng-shui-news/nachhaltig-daemmen-seegras-ist-besser-als-styropor

---

- **Lebendbauten**

Gerade mit der Biegsamkeit junger Zweige von Weide und Buche lassen sich beliebige Gebilde formen. Im Laufe der Zeit gedeihen sie zu einem festen und widerstandsfähigen Gerüst, das den meisten, extremen Wettereinflüssen standhalten kann. Solche Gebäude brauchen natürlich ihre Zeit und sollten auf Plätzen errichtet werden, auf denen sie auch über Generationen als baubotanische Kunstwerke wachsen können.

Das Prinzip, Äste von lebenden Pflanzen durch Flechten und Binden zu bestimmten Formen zu gestalten, lässt sich auch im eigenen Garten anwenden. Aus Hecken und Sträuchern werden kunstvolle Zäune und attraktive Gebilde im Garten, wie Durchgangsbögen, Pergolas, Windschutzbauten und Rankgeflechten. Es gibt zahlreiche Bilder auf den entsprechenden Webseiten, um die Vielfalt und Ästhetik solcher Gartenkunst zu entdecken.

32) *Perimeterdämmung - Wärmedämmung erdberührter Bauteile von Gebäuden und Bauwerken an ihrer Außenseite. Diese kann sich unterhalb der Bodenplatte eines Gebäudes oder an der Außenseite einer im Erdreich eingebundenen Kelleraußenwand befinden.*

Infos und Projekte zu Lebendbauten

Lebendbauten - nahe Bodensee	http://www.sanftestrukturen.de
Naturspielräume Bonn	http://www.naturspielraeume.info
Weidensturm - Flechtwerk bei Nürnberg	http://www.weidensturm.de
Naturbauten - bei Göttingen	http://www.naturbauten.de
Lebendlaube - bei Memmingen	http://www.lebendlaube.de
Naturbauten - bei Bebra	http://www.naturbauten.org
Weidenmoos – Sababurg	http://www.weidenmoos.de
Der Weidendom	http://www.weidendom.de
Auerworld	http://www.auerworld.de

• Earthship und Recycling-Architektur

In den 1970er Jahren kam der amerikanische Architekt Michael Reynolds auf die Idee, autarke Häuser vorwiegend aus recycelten Materialien wie Gummireifen, Plastikflaschen und anderen Zivilisationsabfällen in der Wüste von New Mexico zu bauen. Dies tat er, um kostenlose Baumaterialien zu verwenden und im selben Atemzug der wachsenden Umweltverschmutzung entgegenzuwirken. Es brauchte eine Weile, bis seine sonderbaren Häuser Akzeptanz und Verständnis fanden. Mit steigendem Bewusstsein für Ökologie wuchs die Nachfrage. Zahlreiche Projekte entstanden rund um die Welt, auch in Gebieten, die von verheerenden Naturkatastrophen heimgesucht wurden, um den Obdachlosen rasch ein neues, kostengünstiges Zuhause zu schaffen. Das erste Earthship in Deutschland entstand 2015 in der Lebensgemeinschaft Schloss Tempelhof.

Infos zu Earthships

Earthship Tempelhof http://www.earthship-tempelhof.de
Earthship Biotecture http://earthship.com
Earthship Österreich http://www.earthship.at
Earthships: Autarke Häuser aus Müll | Sein http://www.sein.de/gesellschaft/nachhaltigkeit/2009/earthships-autarke-haeuser-aus-muell.html
Das Recycling-Haus http://1800recycling.com/2010/08/recycled-house-modeled-fibonacci-sequence/?ref=nf

Das Earthship in seiner klassischen Form von Reynolds beabsichtigt neben der Verwendung von Abfällen vor allem die Autarkie in der Beheizung, der Strom- und Wasserversorgung. Leider gibt es im überreglementierten Deutschland einige baurechtliche Hürden zu meistern. Darüber sollte man sich auf jeden Fall bei der Baubehörde informieren, bevor man an die Errichtung geht. Andernfalls läuft man hierzulande Gefahr, dass das Schmuckstück „zurückgebaut" werden muss. Für mich stellt sich grundsätzlich die Frage, ob ich innerhalb von Wänden leben möchte, die im Grunde aus Erdöl bestehen. Andererseits ist es eine ökoligente Lösung, um Berge von Autoreifen abzubauen und zu verhindern, dass Plastikmüll in die Natur, insbesondere in die Meere gelangt. Recyclingarchitektur ist vor allem für Gebiete eine interessante Alternative des Bauens, in denen Armut und Knappheit an Ressourcen herrschen.

2.8 MOBILITÄT & VERKEHR

Flexible Mobilität zwischen Land und Stadt

Die teuren Mieten und die belastenden Umweltbedingungen der Stadt hinter sich lassen und hinausziehen aufs Land – für viele Menschen hat das den Geschmack von Befreiung. Doch der Wunsch scheitert oft an der fehlenden Infrastruktur im regionalen Raum. Der Öffentliche Personen Nahverkehr (ÖPNV) ist mangelhaft oder gar nicht vorhanden und wenn, dann sind die Fahrpreise meist hoch und die Verbindungen zeitraubend. Für Menschen ohne Auto ist ein Leben auf dem Land nur schwer möglich – zumal, wenn sie Kinder haben.

Auf der anderen Seite klagen nicht wenige Kommunen über die grassierende Landflucht. Denn wer auf dem Land wohnt, muss ständig in die nächste, größere Stadt gelangen: um zur Arbeit zu kommen, einzukaufen, Arztbesuche zu machen oder Behördliches zu regeln. Da liegt es nahe, doch gleich in die Stadt, oder wenigstens den Stadtrand, zu ziehen.

Ländliche Kommunen überlegen, wie sie „Fluchtursachen bekämpfen" können und das Leben auf dem Land für Gewerbetreibende, Handwerker, Ärzte, Kinder, Jugendliche und Familien wieder attraktiv werden kann – angesichts unserer stadtfixierten Lebensweise eine komplexe Fragestellung. In der Stadt pulsiert das Leben, sie punktet mit einer großen Palette von Kultur- und Bildungsangeboten, mit ihrer schier unbegrenzte Warenvielfalt und sozialen Vorteilen. Wie kann man das zurück aufs Land holen? Wäre eine soziale und wirtschaftliche Infrastruktur vorhanden, würden keine Häuser leer stehen.

Es gibt genug Menschen, junge wie alte, die gerne in ihr Heimatörtchen zurückkehren würden. Zurück zur Natur. Weg von der hektischen, nimmer ruhenden Lebensweise der Stadt. Hin zu mehr Gesundheit und Menschlichkeit. Hin zu einer halbwegs unbeschwerten Umgebung für die Kinder. Die Gründe ähneln sich, weshalb so mancher gerne auf dem Land leben würde. Genauso ähneln sich die Gründe, weshalb sie es dann wieder lassen. Denn der ländlcihe Raum bietet in der Regel einfach keinen gesunden Nährboden für eine zukunftsfähige Entwicklung und Innovation. Allem voran fehlt ein attraktives öffentliches und kollektives Nahverkehrsangebot.

Die Kommunen wissen um diesen fatalen Fehler, der mit konventionellen Methoden und alter Denke kaum rückgängig zu machen ist. Lokalpolitiker und Verwaltungsleute mühen sich redlich – und oft verzweifelt –, ihre Kommunen instand zuhalten, müssen aber dem Verfall mehr oder weniger hilflos zuschauen. Es gibt in Deutschland nicht nur Dörfer, sondern ganze Kleinstädte, die regelrecht aussterben: Ortskerne mit überwiegend geschlossenen Einzelhandelsläden, Apotheken, Arztpraxen, und Banken. Wer will da wohnen? Wie kann man die leeren Räume wieder mit Leben füllen?

Der erste und leichteste Schritt zur Belebung des Landes ist ein flexibles Nahverkehrsnetz, an dem unterschiedliche Modelle des Personentransportes und verschiedene Fahrzeugtypen teilnehmen. Da heißt es mehrgleisig denken, um den Verkehrsfluss des Landes an die Schnelligkeit des gesellschaftlichen Pulses anzugleichen. Gerade in diesem Sektor machen Elektro-Fahrzeuge großen Sinn. Sie legen keine weiten Strecken am Stück zurück und können an jeder Station aufgeladen werden. Das Angebot an Fahrzeugtypen und Konzepten ist reichhaltig: Elektro-Kleinbusse und -Bürgerbusse, Sammeltaxis, Auto- und Fahrrad Verleih- und Teilsysteme (Carsharing), aber auch elektrisch verstärkte Rikschas, Fahr- und Lastenräder.

Das ist das eine, was zu tun ist: den ÖPNV mehrgleisig ausbauen und gleichzeitig ein kreisübergreifendes Netz entwickeln. Viele Kommunen und Kreise versäumen es, ihren ÖPNV miteinander zu verknüpfen und

aufeinander abzustimmen. Eigentlich müsste es zwischen jeder Kleinstadt Pendelbusse geben und alle Kleinstädte sollten wiederum mindestens eine direkte, gut getaktete Verbindung zur nächsten Stadtmetropole haben. Nebst den bestehenden und noch betriebenen, meist umständlich vernetzten, Buslinien und Regionalzügen fehlen Alternativen und Ergänzungen, die das Angebot des ÖPNV attraktiv und flexibel machen. Günstige Fahrpreise und schnelle Anbindungen würden es Pendler leichtmachen, dem nervenaufreibenden Wahnsinn des Berufs- und Stadtverkehrs auszuweichen.

Die grundlegende Bedingung für die Wiederbelebung des ländlichen Raumes ist ein intelligentes, breitgefächertes Verkehrs- und Mobilitätskonzept. Nur so lässt sich auf dem Land auch ohne Auto leben bzw. können Familien mit einem Auto auskommen, anstatt – wie so oft – zu einem zweiten oder gar dritten genötigt zu sein.

Doch die optimierte Erreichbarkeit der Stadt ist ein Teil der Lösung. Um als Wohnraum wieder attraktiv zu sein, müssen ländliche Kommunen wieder so attraktiv werden, dass die Notwendigkeit, in die Stadt zu fahren, nachlässt. Ohnehin näher sich der Individualverkehr immer schneller und häufiger dem Kollaps. Ursachen für diese Verkehrsdichte sind der stark angestiegene Pendlerverkehr der Berufstätigen und das hohe LKW-Aufkommen. Als Gegenmaßnahme müssen ländliche Kommunen wieder intakte, soziale Infrastrukturen aufzubauen, um sich von der städtischen Versorgung unabhängig zumachen, sollten sich zu selbstbestimmte Kommunen und Landkreise entwickeln, die mehr sind als Anhängsel der Stadt. Bestenfalls finden Berufstätige neue berufliche Herausforderungen in der Region. Mit der Digitalisierung könnten sogar viele Jobs online erledigt werden. Amts- und Behördengänge, bald wohl auch Schulbesuche, könnten via Internet geschehen.

Je mehr sich das Land wieder selbst versorgt und eine intakte Infrastruktur aufbaut, desto mehr verringert sich das Verkehrsaufkommen. Wir müssen die Versorgung wieder dezentralisieren, Landkreise und Kommunen wieder zu weitgehend selbstversorgten Regionen machen; die Waren und Angebote gleichmäßig verteilen und die Herstellung regionaler Waren fördern und stärken.

Damit das alles fließen und sich vernetzen kann, entwickelt und stärkt man zusätzlich verschiedene Alternativen der Mobilität. Ein gut aus-

gebautes Fahrradwege-Netz – inkluisve Fahrrad-Schnellwegen – lässt unsere Autostrassen wieder stiller und sauberer werden, spart zudem enorme Geldsummen durch weniger Instandhaltungskosten und den unnötig werdenden Ausbau von Straßennetzen. Diese Gelder können zum weiteren Ausbau kollektiver Verkehrssysteme eingesetzt werden.

Wir haben noch gar nicht wirklich angefangen, über alternative Mobilität nachzudenken. Das Auto ist eine lieb gewonnene Gewohnheit und an Flexibilität nicht zu überbieten. Doch diese individuelle Freiheit stößt an ihre Grenzen. Nicht nur die Staus sind deutliche Gegenargumente, vielmehr noch die Belastungen für die Um- und Mitwelt, für die Natur und unsere Atemluft. Die Diesel-Geschichte zeigt uns das ganze Ausmaß der Hilflosigkeit auf, wie auf den übersteigerten Verkehr und die Probleme der Verbrennungsmotoren reagiert wird. Es sind ja keine Verbrecher, die da am Werk waren, sondern Ingenieure und Politiker, die keinen Ausweg wissen und mit faulen Tricks den Kopf in den Sand stecken.

Wir müssen umdenken, Mobilität neu denken, sie wandeln. Es braucht dringend Konzepte, die unsere Straßen entlasten: Vom Individualverkehr und vom Transportwesen. Anstatt immer breiterer Straßen braucht es in einem derart dicht besiedelten Land wie Deutschland nebst Autobahnen und Bundesstrassen Regionalzüge, Straßenbahnen und ein breit ausgebautes Netz von Fahrradschnellwegen. Und selbstverständlich ist der Lastentransport zunehmend auf die Schiene zu verlagern. Überall auf dem Land findet man alte Bahnhöfe und zugewucherte Bahngleise. Kommunen, Kreise und Genossenschaften könnten sich als Interessengemeinschaft zusammentun und diese Verkehrswege mit „Kommunalzügen" wieder aktivieren.

Mobilität auf dem Land ist ein zentrales Thema beim Aufbau Solidarischer Dörfer. Ohne fließende Verkehrsadern kann der Organismus nicht leben, kann händlerischer und sozialer „Stoffwechsel" nicht stattfinden. Dabei haben wir heutzutage Möglichkeiten wie noch nie.

• Bürgerbusse sind bereits seit den 80er Jahren in Deutschland auf dem Vormarsch. Was die Kommune selbst nicht leisten kann, übernehmen Bürger in genossenschaftlicher Eigenregie. Die Bürgerbusse sind an keine festen Linien gebunden und können nach Bedarf eingesetzt werden.

• An anderen Orten hat man eine private Personenbeförderung ins Leben gerufen: Fahrdienste, die fehlende oder zu teure Taxis ersetzen.

• Eine weitere Variante ist die Anschaffung von Kollektiv-Fahrzeugen, also die gemeinsame Nutzung von Autos.

• Sogenannte „Mitfahrbanken" sind eine moderne Form des Trampens.

• Apps organisieren Mitfahrangebote in und zwischen den Kommunen.

• Stark und schnell befahrene und überdies schlecht geteerte Land- und Bundesstraßen machen Angst und sind für Kinder und Senioren unzumutbar. Gut und breit ausgebaute Fahrradwege auf eigenen, von der Straße abgewandten Bahnen, wir wir das aus Holland kennen, würden einen hohen Anreiz schaffen, vom Auto aufs Fahrrad umzusteigen. Wir bräuchten ein unabhängiges Fahrradweg-Verkehrsnetz auf dem weit und intelligent verzweigte E-Fahrrad-Verleihsysteme greifen könnten.

• Bürger wagen, nicht nur Bürgerbusse zu unterhalten, sondern auch genossenschaftlich organisierte Bürger-Regionalzüge.

• Warum nicht auch wieder von Pferden gezogene Kutschen innerhalb der Ortschaften einsetzen?

Bislang sind im Internet nicht viele Informationen über dieses Thema zu finden, die einen übergeordneten und verbindenden Charakter haben. Es reichen die Stichworte, um in der Suchmaschine die wenigen Internetpfade zu finden, die sich einer ökologischen und kollektiven Mobilität annehmen. Das sollten wir ändern.

Index

Der Verlag des Wandels – wir publizieren den Großen Wandel.

Die westliche Industriekultur hat die menschliche Zivilisation an einen Punkt gebracht, an dem sie wählen muss: weiter so und globaler Kollaps? Sie kann aber auch ihre ökologischen Erkenntnisse beherzigen, umsetzen und einen grundlegenden Wandel unserer Lebensweise einleiten. Menschen, die die Gefahr eines Kollaps ernst nehmen, engagieren sich und experimentieren in zahllosen kleinen und großen Projekten, die Wege aus der globalen Krise vorleben – sozial, ökologisch, ökonomisch und technisch.

Alle diese Wege, Methoden, Perspektiven, Verhaltens- und Handlungsalternativen hin zu einer nachhaltigen, globalen Lebensgemeinschaft nennen wir die „Wandelbewegung". Sie handelt ökologisch, lebt nachhaltig, isst bewusst und tickt spirituell. Sie zielt auf nichts weniger als den Großen Wandel, ein neues Paradigma für den Planeten Erde.

Der Große Wandel: Dabei verbinden sich äußere und innerliche Aspekte. Beide gehören zusammen. Außen wie innen, innen wie außen. Eine neue Kultur entspringt inneren Überzeugungen. Einsichten und die Haltung zu unseren Lebensgrundlagen werden sich wandeln. Erst dann können sich neue Lebensweisen verwurzeln und keimen; erst dann ist ein Leben in Würde für alle möglich. Aus dem Geist der Solidarität zwischen allen Wesen und der Natur, aus einer Freude und Begeisterung am Sein webt sich das Netz der Wandelbewegung. Innerer und äußerer Wandel führen deshalb zu einer globalen Kultur der Partnerschaft. Auf persönlicher und beruflicher Ebene.

Es ist Zeit, dass wir uns wieder in Einklang mit der Natur und Schöpfung bringen. Die Not, die uns den Planeten aus Unwissenheit der großen Zusammenhänge hat plündern und weitgehend ruinieren lassen, lässt sich überwinden. Mit der Bereitschaft zu Achtsamkeit und Kooperation, Vertrauen und Liebe sind wir imstande, eine gesellschaftliche Lebensweise zu etablieren, die es allen Wesen dieser Erde erlaubt, in Frieden, Fülle, Wohlstand und vor allem freier Selbstbestimmung zu leben.

In allen Regionen der Erde entfaltet die Wandelbewegung täglich neue Impulse. Sie wollen wir aufgreifen, unterstützen und verbreiten. Das ist Kernanliegen des "Verlag des Wandels".

Mehr Infos: www.wandelverlag.com

Platz für Notizen:

Partner des WandelVerlags:

ökoligenta – eine Plattform, die Akteure und das Wesen des Großen Wandels und seine kulturkreativen Strömungen sichtbar werden lässt und miteinander vernetzt.

Der Kuss der Giraffen ist unser Symbol. Das Händereichen zwischen Hautfarben und Kulturen, Religionen und Überzeugungen. Aus Kooperation und Symbiose erwächst eine neue Kraft, die sich auf das gemeinsame Ziel einer lebenswerten und gesunden Zukunft ausrichtet.

Die Zukunft gehört dem Miteinander. Das ist der Große Wandel, der ansteht. Vielleicht bist Du ja längst Teil dieser Wandelbewegung?!